SPICKZETTEL FÜR LEHRER



CARL-AUER

Claudia A. Reinicke

# Mit ADHS und Freude durch den Schulalltag

Dritte Auflage, 2025

Reihe »Spickzettel für Lehrer«
hrsg. von Christa Hubrig und Peter Herrmann
Reihengestaltung: Uwe Göbel und Jan Riemer
Redaktion: Nicola Offermanns
Satz: Heinrich Eiermann
Printed in Germany
Druck und Bindung: CPI books GmbH, Leck

FSC www.fsc.org MIX Papier | Fördert gute Waldnutzung FSC® C083411

CPI klimaneutral

Dritte Auflage, 2025
ISBN 978-3-8497-0458-2 (Printausgabe)
ISBN 978-3-8497-8409-6 (ePub)


Bibliografische Information Der Deutschen Nationalbibliothek:
Die Deutsche Nationalbibliothek verzeichnet diese Publikation
in der Deutschen Nationalbibliografie; detaillierte bibliografische
Daten sind im Internet über http://dnb.d-nb.de abrufbar.

Informationen zu unserem gesamten Programm, unseren Autoren
und zum Verlag finden Sie unter: www.carl-auer.de.
Dort können Sie auch unseren Newsletter abonnieren.

Carl-Auer Verlag GmbH
Vangerowstraße 14 • 69115 Heidelberg
Tel. +49 6221 6438-0 • Fax +49 6221 6438-22
info@carl-auer.de

CARL-AUER

# Spickzettel für Lehrer – systemisch Schule machen

»Hast du einen Spickzettel?« Diese Frage kennen wir noch aus der Schulzeit, aus der Schülerperspektive, wenn es darum ging, sich auf Prüfungen und Klassenarbeiten vorzubereiten. Wechseln wir die Rolle und Perspektive und stellen uns auf die andere Seite des Klassenzimmers, auf der die »Wissenden«, d. h. die Lehrer, stehen. Schnell wird deutlich: Bei aller Erfahrung gibt es doch erhebliche »Wissenslücken« im Umgang mit schwierigen Situationen, ob sie nun das Lernen selbst, die Schule als Organisation oder die Beziehungen und das Verhalten der Beteiligten betreffen.

Systemisch orientierte Pädagogen können sich hier ruhig und entspannt zurücklehnen, wohl wissend, dass sie selbst »Fragende« sind – Fragende bezüglich passender

Antworten auf die sich stets wandelnden und neu entstehenden Konfliktfelder in der Organisation Schule, zwischen Schülern und Lehrern, zwischen Schule und Eltern und auch mit dem politischen Umfeld von Schule.

Aus systemischer Sicht sind Schwierigkeiten immer mit Lernchancen verbunden. Wo der Blick vom Problem auf die Lösung wechselt, wo man statt hinderlicher Defizite hilfreiche Ressourcen ins Auge fasst, kommt auch die Haltung in Bewegung. Ein gut platzierter Unterschied zieht dann oft viele positive Änderungen nach sich.

Die Bücher dieser Reihe wollen Einladungen sein, sich auf diese andere Sichtweise einzulassen. Sie sollen Lehrern, Erziehern und Schulleitern Methoden und Strategien zum täglichen Handeln anbieten, die Ihnen die Arbeit – und im besten Fall: das Leben – leichter machen. Sie sind auch Rezepte, die man ausprobieren und mit eigenen Zutaten verfeinern kann.

Wir wünschen Ihnen viel Spaß beim Lesen, Erfahren und Ausprobieren!

*Christa Hubrig & Peter Herrmann*

Institut für systemische Lösungen in der Schule (ISIS)

www.isis-institut-koeln.de

# Inhalt

# Vorwort

Lehrersein ist ein äußerst anspruchsvoller Beruf.

Man soll erziehen, lehren, rhetorisch möglichst gewandt sein, sozial kompetent, klare Kommunikationsmuster verwenden, das Wesentliche der Lernmotivation verinnerlicht haben, die Grundlagen der Verhaltenssteuerung beherrschen, sich emotional im Griff haben ...

Das bedeutet einfach: Man muss Führungsqualitäten zeigen, ganz abgesehen von den fachlich-inhaltlichen Kompetenzen. Doch viele Lehrer beklagen, dass ihnen das Lenken, Leiten und Richtungbestimmen, das man von Führungskräften erwartet, nicht oder nicht ausreichend beigebracht wird.

Dazu kommt, dass es in jeder Klasse mehr oder weniger schwierige Kinder gibt – von den Eltern mal ganz zu schweigen –, die einem in unangenehmen Gesprächen das Leben noch zusätzlich schwer machen. Und dann diese AD(H)S-Kinder, die einen wirklich manchmal zur Weißglut treiben oder ziemlich hilflos machen können. Und dabei sind diese doch oft sehr nette, wenn nicht sogar ganz besondere Kinder ...

Als Verhaltenstherapeutin mit systemischem Ansatz arbeite ich seit über zwanzig Jahren mit ADHS-Kindern, einzeln und in Gruppen. Bei den therapeutischen Interventionen werden Eltern bzw. ganze Familien miteinbezogen. Sobald die zu therapierenden Anliegen auch die schulische Seite betreffen, versuche ich, die Lehrer einzubinden. Dadurch gestaltet sich meist auch die Lehrer-Eltern-Beziehung besonders konstruktiv. Da ich als Coach u. a. auch Lehrer betreue und seit über zwanzig Jahren in der Lehrerfortbildung, auch im Sinne von Teamentwicklungsseminaren, tätig bin, verfüge ich über eine gewisse Kenntnis von Bedürfnissen und Anliegen der Lehrer aus unterschiedlichsten Betrachtungsrichtungen. Obendrein ist mir die Rolle der Eltern in der schulischen Situation aus eigener Anschauung als fünffache Mutter auch nicht fremd.

Trotz oder gerade aufgrund dieser vielfältigen Erfahrungen scheint mir ein Zitat von Charles Dickens für den Umgang mit diesen Kindern ganz angebracht:

*»Auch eine schwere Tür braucht*
*nur einen kleinen Schlüssel!«*

*Abb. 1: Schlüssel*

In diesem *Spickzettel für Lehrer* möchte ich Ihnen gerne in kompakter Weise und anhand von konkreten Fragestellungen und kleinen Übungen vermitteln, welcher Schlüssel zu welcher Tür am besten passt.

In den ersten beiden Kapiteln möchte ich gerne das Symptombild ADHS und dessen Ursache alltagstauglich beleuchten. Im dritten Kapitel geht es um Methoden, die Ihnen wieder mehr Freude in den Alltag bringen. Diese sind auch im Umgang mit allen übrigen Menschen nützlich, aber bei ADHS-Kindern »überlebenswichtig«!

Ich verwende zugunsten der Lesbarkeit überall die maskuline Form aller Lehrpersonen.

# 1 Woran erkenne ich, dass ein Kind AD(H)S haben könnte?

Das Aufmerksamkeitsdefizit-Syndrom kann laut DSM IV mit einer hyperaktiven Ausprägung (ADHS) auftreten, sich im impulsiven Typus zeigen oder nur als Aufmerksamkeitsstörung (ADS) daherkommen.

Die drei Hauptmerkmale des AD(H)S sind

- Aufmerksamkeitsprobleme,
- Impulsivität und
- Hyperaktivität.

Ich möchte an dieser Stelle nicht die in diagnostischen Manualen beschriebenen Symptomlisten aufzählen. Diese können Sie im Anhang nachlesen. Für eine Diagnose müssen nicht alle drei der Hauptmerkmale vorhanden sein. »Nur« aufmerksamkeitsgestörte Kinder erhalten die Diagnose »ADS«. Ich verwende im Text der Einfachheit halber das Kürzel ADHS, womit Kinder mit und ohne Hyperaktivität gemeint sind.

Je nach Subtypus erkennen Sie vor allem **hyperaktive** Kinder z. B. im Grundschulalter an einem andauernden Bewegungsdrang. Zappeln, mit dem Stuhl kippeln, spontanes Aufstehen und Herumlaufen, sehr auffälliges, geräuschintensives, wild wedelndes Sichmelden gehören u. a. dazu. So ein Kind wird auch bei der Aufforderung »Wir gehen jetzt los!« womöglich nicht gehen, sondern losrasen. Bei dieser besonderen Art des Gehens rempelt das Kind unzählige Male andere sorglos Herumstehende an – ohne wirkliche Absicht.

Die **impulsiven** Kinder quatschen Ihnen immer dazwischen, stellen unzählige, scheinbar überflüssige Fragen, da die Antwort quasi gerade erklärt wurde, stehen einem fast auf den Zehenspitzen, wenn sie mit einem reden, umarmen oft Menschen, denen man diese Geste ohne eine gewisse Distanzlosigkeit nicht entgegenbringen würde, reagieren oft unglaublich schnell, aber nicht unbedingt angemessen auf eine neue Situation. Arglos bringen sie sich oft in Gefahr – in der festen Annahme, der Menschheit einen guten Dienst zu tun. So wird sich ein Kind ohne ADHS sicherlich dreimal überlegen, ob es sinnvoll ist, einen aufgeplatzten gelben Müllsack, dessen Inhalt sich durch das Vorbeifahren der letzten Autos gerade auf einer vierspurigen Stadtstraße zu verteilen beginnt, von der Fahrbahn aufzuheben und die verstreuten Plastikmüllteile wieder einzusammeln. Das ADHS-Kind hat vielleicht in diesem Moment nur den Gedanken »Umweltverschmutzung!«, checkt kurz die Verkehrssituation (behauptet es hinterher jedenfalls), sammelt das herumfliegende Zeug ein und trägt den Sack zur Schule, um ihn dort unter schwer verständlichen, weil verwirrenden Erklärungen ordnungsgemäß zu entsorgen. Niedergeschlagen nimmt das Kind dann nur zur Kenntnis, dass nicht alle Personen uneingeschränkte Begeisterung für sein Umweltbewusstsein äußern, sondern immer wieder sogar eher schimpfend etwas von »Gefahren« erzählen.

Bei den Kindern mit deutlich **eingeschränkter Aufmerksamkeit** fällt Ihnen auf, dass diese immer wieder zu vergessen scheinen, was sie gerade gehört haben. Manchmal ist man sich auch nicht sicher, ob sie einen überhaupt gehört haben. Wenn andere reden, schalten sie meist »schnell ab« und versinken, je nach motorischer Konstitution, wie weggetreten in sich selbst oder widmen sich einer anderen Gegebenheit. Manche vermeintliche Ablenkung – wie mit dem Radiergummi in der Hand spielen, den Kugelschreiber an- und ausknipsen oder ein in der Nähe stehendes Murmelspiel in Bewegung versetzen – dient dabei oftmals lediglich der Stimulation, um nicht ganz abzuschalten. Manche träumen und scheinen nie bei der Sache zu sein. Oft hält man sie für dümmer, als sie sind, weil sie oft von Fragen überrascht sind und nicht antworten können. Sie können ihre Aufmerksamkeit einfach nicht ausrichten. Sie können auch beim selbst gewählten Sportwettkampf am Start stehen und denselben verpassen, weil sie gerade ein bekanntes Gesicht im Zuschauerraum ausfindig gemacht haben, dem sie erfreut zublinzeln. Sie machen ebenso viele Schusselfehler, wie hyperaktive Kinder, aber bei ihnen zweifelt man eher am Intellekt, weil sie sich nicht so aktiv am Geschehen beteiligen. Und das Gedächtnis schlägt ihnen auch ein Schnippchen, wenn sie etwas gezielt reproduzieren sollen.

ADHS-Kinder vergessen genauso oft, ihre Hausaufgaben in das dafür vorgesehene Heft einzutragen, wie ihre Eltern an die wöchentliche Auszahlung des Taschengeldes zu erinnern. Sie kommen auch mit gepacktem Ranzen in die Schule, wenn angesagt und eingeschrieben wurde, dass am nächsten Tag ein kleiner Rucksack mit Vesper und Federmäppchen genügt, weil ein Zooausflug ansteht. An den anderen Tagen ist selten vollständig das Benötigte in der Schultasche. Mühevoll erledigte Hausaufgaben bleiben zu Hause liegen, der Beutel mit Schwimmsachen wird im Bus, wenn nicht sogar schon an der Bushaltestelle vergessen, weil das Einsteigen in den Bus so überraschend kam. Wichtige Gegenstände wie Schlüssel, Brille, Zirkel, Geldbeutel, Fahrkarte werden immer gesucht und selten gleich gefunden. Das rechtzeitige Absenden von Bewerbungsunterlagen wird genauso »verpeilt« wie die fristgerechte Abgabe der ausgeliehenen Schulbücher, ohne die das Abschlusszeugnis nicht vergeben wird.

Ich finde die Kinder am spannendsten, die die gesamte Bandbreite der Auffälligkeiten mit sich führen: hyperaktiv, impulsiv und mit beeinträchtigter Aufmerksamkeit – da können Sie alle Besonderheiten auf einmal genießen. Diese Kinder vergessen nicht nur, sie reagieren auch noch so schnell mit einer unerwarteten Alternative, dass einem das Leben mit ihnen nie langweilig wird. Sie können kaum ruhig auf einem Stuhl sitzen, stehen immer wieder ungefragt auf, quatschen immer dazwischen, beantworten Fragen, bevor sie fertiggestellt sind, überhören oft das Wesentliche – vor allem, wenn gerade auf Verhaltensregeln aufmerksam gemacht wird. Haben sie die Regeln allerdings erst einmal internalisiert, rufen sie sie oft stur ab, auch wenn die Situation diesmal eine ganz andere ist. Sie scheinen oft genau das Gegenteil von dem zu tun, was der Lehrer ansagt. Ihre Arbeitsmaterialien neigen dazu, immer dort zu verweilen, wo sie gerade nicht benötigt werden, soweit sie nicht sogar verloren gegangen sind.

Die zur Verfügung stehende Zeit einzuschätzen ist für diese Kinder oft bis ins Erwachsenenalter ein Buch mit sieben Siegeln und eine Unfähigkeit, die sie immer wieder in höchste Not bringt. Denn ganz gleich, ob es morgens der Bus ist, der sich nach einem Fahrplan richtet, oder eine Klassenarbeit, die überraschenderweise nach 45 Minuten beendet werden soll, den »ADHSler« überrascht das immer wieder aufs Neue. Diesen Menschen fehlen in vielen Handlungssituationen verschiedene sog. **metakognitive Fähigkeiten**, u. a. das Vorhersehen, Überprüfen, das Planungsverhalten, die Handlungsorganisation und das Wissen, wie sich ihr Verhalten auf die Umgebung oder die Zukunft auswirken wird.

So ist sich weder die 8-Jährige in genau diesem Moment bewusst, dass es unnütz ist, das Hausaufgabenheft hinter dem Rücken zu verstecken und der fragenden Mutter zu versichern, heute gäbe es keine Hausaufgaben, noch der

20-Jährige, der nach zwei gekündigten Lehrstellen dem Vater – und Freund des neuen Chefs – versichert, in der dritten Lehre laufe alles glatt. Die kurzfristige Vermeidung einer negativen und damit wieder selbstwertreduzierenden Rückmeldung, wovon es ständig im Übermaß hagelt, ist in dem Moment einfach stärker. Gegenüber Kritik reagieren sie oft unmittelbar mit völliger Ablehnung und abenteuerlichen Gegendarstellungen. Später, wenn sie wieder Zugriff auf ihre Großhirnrinde haben, sind sie dagegen oft verzweifelt über ihr »unsinniges« Verhalten. Das Gefühl, sich manchmal »ferngesteuert« zu verhalten, ruft häufig große Hilflosigkeit hervor.

Besonders unangenehm für die Umwelt ist die Unfähigkeit, sich in manchen Situationen emotional regulieren zu können. Ganz plötzlich »flippen die Kinder aus« – der Anlass war nur eine Kleinigkeit, die keiner so recht nachvollziehen kann. Das kann eine gut gemeinte Korrektur am Schriftbild sein – woraufhin sich das Kind auf den Boden wirft und schreit: »Ich kann's ja nie recht machen! Ihr könnt mich alle nicht leiden! Ich hasse euch!« – oder der Hinweis, dass man in einem Gottesdienst nicht spricht, der das Kind dazu veranlasst, wutentbrannt aufzuspringen und durch die Bankreihen zu rennen. (Ganz besonders effektiv ist es, wenn der Lehrer gleich hinterherrennt!) Dazu gehören auch verbale Ausbrüche, von denen sich Eltern und Lehrer immer wieder aufs Unflätigste belegt fühlen. Nicht verschwiegen werden sollen auch die Ausbrüche, die sich nicht mehr nur auf der verbalen Ebene abspielen. In den glimpflich verlaufenden Situationen werden in ungebremster Impulsivität Gegenstände geworfen – teilweise lediglich aus dem unbändigen Gefühl des »Platzens« heraus. Da kann auch eine ansonsten sehr wertgeschätzte alte emaillierte Brotdose aus Großmutters Nachlass so auf den Boden gedonnert werden, dass sie hinterher unbrauchbar ist, oder es kann eine wertvolle bemalte Fensterscheibe zu Bruch gehen.

Allerdings passieren in der höchsten Not auch tätliche Angriffe – selbst bei sehr lieb gewonnenen Mitbewohnern. Das Ohrfeigen der Freundin, von der man sich überhaupt nicht trennen will, oder der Tritt nach dem heiß geliebten Hund führen bei dem »ADHSler« nach der Raserei oft zu dem sprichwörtlichen Zusammenbruch: Wie ein Häufchen Elend schluchzt bis hyperventiliert er, beteuert, dass er das alles doch gar nicht wollte, und bittet jammernd um Verzeihung. Dass derartige Ausbrüche nach aggressiven Auseinandersetzungen nicht an Intensität verlieren, ist leicht vorstellbar. Die Angst einer Mutter ist also nachvollziehbar, die immer wieder sagte: »Wenn meine beiden Knusperköppe (Vater und Sohn) aneinander hochgehen, bin ich froh, wenn kein Messer in der Nähe liegt, sonst würde womöglich einer hinterher mal nicht mehr leben.« Die **emotionale Dysregulation** schafft so unzählige Möglichkeiten, wie man sich im Leben selbst in Situationen bringt, die man sich nie hätte vorstellen können.

Während Sie Beispiele für solche Situationen lesen, können Sie sich auch gut vorstellen, dass die Reaktionen der Umwelt auf derartige Situationen nicht immer dazu dienlich sind, die Auftretenswahrscheinlichkeit solcher Verhaltensweisen zu reduzieren.

Notieren Sie sich doch mal selbst nebenbei, wie Sie auf derartiges Verhalten reagieren würden. Und schreiben Sie auch gleich dazu, wie Ihre Reaktion aussehen würde, wenn Sie an diesem Tag selbst nicht »gut drauf« sind.

Eines ist **allen** diesen Kindern allerdings gemein: Sie haben meist bessere Fähigkeiten, als sich durch übliche Leistungsprüfungen feststellen lässt, da diese ja durch Flüchtigkeitsfehler, Gedächtnisprobleme, mangelndes Zeitmanagement, ungenaues Lesen von Aufgaben sowie das Vergessen von Unteraufgaben oder ganzer (Rück-)Seiten verzerrt werden. Dieses ständige Wahrnehmen einer Differenz zwischen den eigenen, gefühlten Fähigkeiten und dem Outcome bei Leistungsprüfungen führt früher oder später meist zu der Attribution »Ich bin ja doof!« sowie anderen abwertenden und damit entkräftenden Selbstvorwürfen.

Man muss schon fast sagen: »Gott sei Dank« entwickeln diese Menschen allerdings auch häufig die Fähigkeit, die Schuld bei den anderen zu suchen. Das wirkt zwar meist völlig realitätsfern, ist aber eine **Selbstschutz**-Reaktion. Wenn diese Menschen immer dann aktiv an sich zweifeln würden, wenn die Umwelt sich entsprechend äußert, müsste das die Suizidrate exorbitant erhöhen. Solange sie den ganzen Tag hören: »Du bist ja wieder nicht fertig … immer musst du die anderen ärgern, hör doch mal auf (ohne zu wissen, womit) …, kannst du nicht mal still sitzen/zuhören/dich konzentrieren, der … hat wieder …«, bleiben sie oft in einer permanenten Verteidigungshaltung, die sich selten in einem besonders freundlichen Ton ausdrückt. Und Äußerungen wie »Wer sich so verhält, kann ja nicht intelligent genug fürs Gymnasium sein!« helfen da nicht wirklich weiter. Selbst wenn es dann in der Umgebung zwischendrin mal einer gut meint und sich diesem Kind in einem anderen Modus nähert, ist es ungewiss, ob sich das Kind so schnell umstellen kann. So kann dann der »Freund« womöglich auch noch völlig unabsichtlich »angeplauzt« werden.

Mit anderen Worten: Die Zahl der Anlässe, sich entschuldigen zu müssen, wächst in Unermessliche. Außerdem haben sie meist überaus feine Antennen dafür, wo es gerade nicht ganz **gerecht** zugeht. Dann sind sie sofort dabei zu kämpfen, auch wenn die Sache sie gar nichts angeht. Sie setzen sich im Zweifelsfall auch ohne Notwendigkeit für den Schwächeren ein – ohne Rücksicht darauf, ob sie selbst dadurch Nachteile erleiden. Manch einer hat schon auf dem Schulhof einen Kleineren verteidigt und es mit dem größeren Angreifer aufgenommen. Das ist sozial nicht immer sonderlich geschickt und kann immer wieder zu einer handfesten Auseinandersetzung mit demselben führen. Und genau dann kommt der aufsichtführende Lehrer vorbei, schnappt sich das bekannte Gesicht mit den Worten: »War ja klar! Wo es Ärger gibt, bist du immer dabei!« Das ist dann die nächste »Ungerechtigkeit« – jedenfalls in den Augen des »ADHSlers«, woraufhin sich die Distanzlosigkeit und die fehlende emotionale Regulation gegen die Person des Lehrers richten.

Dabei sind diese Menschen unglaublich **empathisch** und können sich sehr gut in andere hineinversetzen – nur eben nicht in dem Moment, in dem sie selbst emotional an der Situation beteiligt sind. Überhaupt sind sie unglaublich **hilfsbereit** – wenn sie jemanden leiden können –, und sie spüren sofort, ob das von ihrem Gegenüber erwidert wird. Im Alltag kann von ihnen eine herrliche Unbekümmertheit ausgehen, sie können andere immer wieder mit ihrer guten Laune und ihren fröhlichen Ideen anstecken – vorausgesetzt, sie sind noch nicht völlig frustriert. Sie können außerordentlich **charmant** sein und sich im Zweifelsfall mit allen Regeln der Schauspielkunst für ihr fixiertes Ziel einsetzen. Und das ist keinesfalls ein Ausschlusskriterium für ADHS, wie viele Leute meinen!

Was aus Eigenmotivation geschieht, wird meist sehr zielgerichtet verfolgt – nur: Die alltägliche Routine zu bewerkstelligen gelingt ohne klare Führung nicht!

Ich möchte hier keinesfalls den Anspruch erheben, erschöpfend über die Symptome zu berichten, vielmehr sollen Sie einen Eindruck bekommen, welche der Kinder, die zu den »nervtötenden« gehören, vielleicht ADHS-Kinder sein könnten, damit Sie mit Ihrer Vermutung lösungsorientiert auf die Eltern zugehen können, um dann gemeinsame Wege zu suchen und zu finden.

## 2 Woher kommt das?

Nach heutigem Forschungsstand hat es sich erübrigt, eine Diskussion zu führen, ob ADHS von schlechter Erziehung kommt. Ich will damit nicht sagen, dass inkonsequente Erziehung, unablässiger Medienkonsum, das Fehlen von Grenzen und unabsichtliches Verstärken unerwünschten Verhaltens keinen Beitrag dazu leisten, schwierige Kinder zu produzieren, aber davon bekommt man kein ADHS! Vielmehr führt das zu schwer lenkbaren und ungezogenen Kindern, die das gesellschaftliche Miteinander erschweren. Und davon gibt es viele!

Weltweit geschätzt beträgt die Auftretenswahrscheinlichkeit für ADHS 5,2 % (laut Polanczyk et al. 2007). Mehrere Studien belegen, dass davon ca. 70 % auch im Erwachsenenalter ADHS-Symptome haben (s. Simon et al. 2009).

Heutzutage ist davon auszugehen, dass die Anlage für AD(H)S vererbt wird. Bestimmte Umwelteinflüsse (z. B. Nikotin in der Schwangerschaft) können die Auftretenswahrscheinlichkeit erhöhen. Neurophysiologisch betrachtet finden sich bei diesen Menschen Besonderheiten bei der Impulsübertragung zwischen den Nervenzellen.

Dadurch kommt es immer wieder zu einer unzureichenden Weiterleitung der Impulse, verursacht durch eine unzureichende Transmitterkonzentration (Botenstoff). Das heißt, Informationen wie »Sei doch mal ruhig!« werden zwar akustisch wahrgenommen, dann aber nicht an denjenigen Teil des Gehirns weitergeleitet, der das Schweigen einleiten könnte. Ich halte es für sehr wichtig, das neurophysiologische Prozedere zu verstehen. Wenn man weiß, dass ein Kind im Frontallappen des Gehirns, in dem die Hemmung motorischer Handlungen geschieht, gerade nicht ausreichend Transmitterstoffe zur Verfügung hat, um das Zappeln zu unterbrechen, werde ich ihm auch nicht sagen: »Bleib doch mal still sitzen!«. Ich werde mich dann auch nicht darüber ärgern, sondern ihm vielmehr einen Auftrag erteilen, bei dem er sich bewegen muss! Damit schone ich mein Gemüt und das Frustrationskonto des Kindes – und darüber hinaus die Atmosphäre für alle Beteiligten.

## 3 Wie wird der Alltag mit diesen Kindern wieder freudvoll und effektiv?

Bevor ich in den nächsten Kapiteln die unterschiedlichen Methoden beschreiben werde, die Ihnen helfen können, den Alltag mit »ADHSlern« zu genießen, möchte ich Ihnen gerne meine Herangehensweise namens KIKOS® vorstellen.

KIKOS® bedeutet „Kompass zur Integration komplexer Systeme“, eine Herangehensweise, die Leichtigkeit in den Alltag zurückbringt.

Irgendwie war mir in meiner langjährigen Arbeit mit ADHSlern aus frühen Erfahrungen heraus immer klar, dass therapeutisches Wirken viel effektiver, energiesparender und leichter wird, wenn die Eltern und auch das pädagogische Umfeld mitwirken bzw. ein Kind mit der Bemühung um Verhaltensänderung gegen Windmühlen läuft, wenn diese Umfelder nicht mit im Boot sind. Und das gilt nicht nur für das Kind, sondern für alle Menschen im Umfeld, die an einer Veränderung interessiert sind. Es braucht eine innere Haltung, die sichere Verbindung zu anderen Menschen ermöglicht, wenn Entwicklung stattfinden soll.

So war für mich eine Zusammenarbeit mit allen beteiligten Menschen immer selbstverständlich und mein Wirken war darauf ausgerichtet, das Einsteigen in das Boot möglichst einladend zu gestalten.

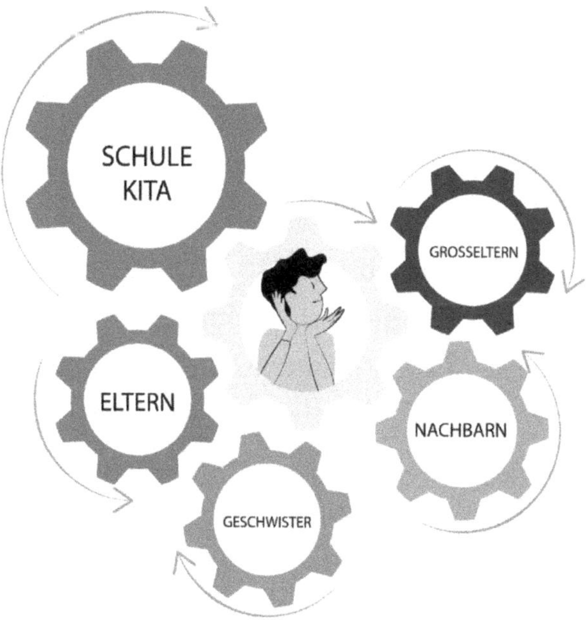


*Abb. 2: Eine Veränderung im System kann nur stattfinden, wenn sich die anderen im System mitbewegen und wenn da jemand ist, der für einen da ist.*

Im Laufe der Jahre haben sich neben meiner verhaltenstherapeutischen Grundausbildung folgende weitere praxiserprobte Techniken als hilfreich für meine Arbeitsweise zunächst mit Menschen mit ADHS und dann auch anderen Klienten erwiesen:

**T – steht für Trance und alle hypnotherapeutischen Elemente**
**R – steht für Ressourcenorientierung**
**I – steht für Impacttechniken**
**P – steht für PEP**
**L – steht für Lösungsfokussiert**
**E – steht für Embodiment**
**... – steht für alle anderen Techniken, die der Therapeut, der Lehrer oder wer auch immer mitbringt**

Um die Vorgehensweise zu systematisieren, entwickelte ich ein Modell, das zunehmend einem Kompass glich. Ein Kompass, der anleitet, wie man entsprechend der eigenen Konstitution, Erfahrung und Herangehensweise für unterschiedliche Situationen, für sich selbst und individuell für die Klientin oder den Klienten bzw. das Setting die passende Technik auswählt und anwendet.

Die Kompassscheibe stellt dabei den Therapeuten oder Anwender selbst dar, mit seiner individuellen Grundausbildung, der eigenen Persönlichkeit und den eigenen Erfahrungen.

Im KIKOS® gibt es drei Grundsätze:

- 1. Grundannahme der Akzeptanz:
  **Jeder macht es so gut, wie er kann! Besser kann er es in dem Moment nicht!**
- 2. Grundannahme der Ressourcen in dem System:
  In den Umfeldern stecken so viele Ressourcen (in der betroffenen Person natürlich auch), dass es hilfreich ist, neben dem unmittelbaren auch das **erweiterte Umfeld** mit einzubeziehen!
- 3. Grundannahme der individuellen Persönlichkeiten:
  Der Therapeut/Lehrer/Arzt **kellnert** für jeden Klienten/Schüler/Patienten **individuell** einen Cuvée aus verschiedenen Techniken unter Berücksichtigung eigener Befindlichkeiten und Erfahrungen.

Die einzelnen Systeme werden mit folgenden Kürzeln symbolisiert und in der Anwendung nach Bedarf kombiniert:

**Klient – K**

**Unmittelbares Umfeld – UU**

**Erweitertes Umfeld – EU**

Mit anderen Worten: Bei der Arbeit mit KIKOS® akzeptiert man die Menschen so, wie sie sind, spiegelt ihnen das, geht davon aus, dass die notwendigen Ressourcen in der Person bzw. ihrem Umfeld vorhanden sind, und unterstützt gewünschte Veränderungen mit einem bunten Strauß an Techniken, passend zum Klienten und passend zum Therapeuten.

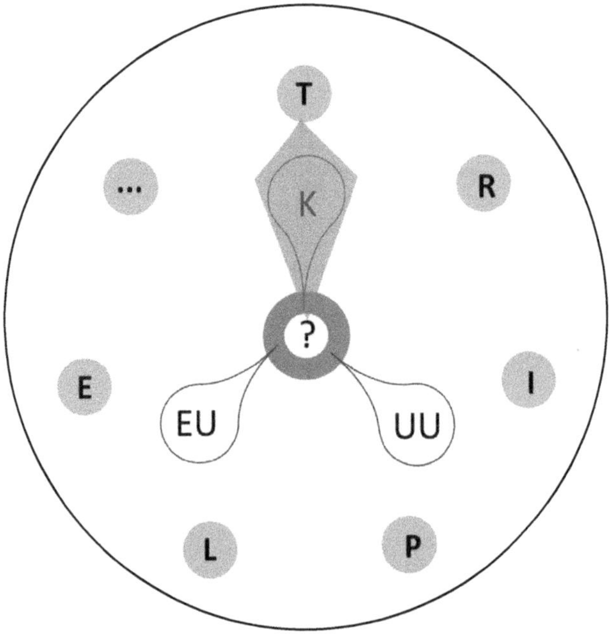


*Abb. 3: KIKOS®-Kompass*

Die Anwendung von KIKOS® ist unabhängig von spezifischen therapeutischen, beruflichen Ausrichtungen und kann in alle integriert werden.

Natürlich würde es hier den Rahmen sprengen, alle Elemente ausführlich zu beschreiben. In diesem Buch wird aus all den Techniken neben dem verhaltenstherapeutischen Ansatz vor allem Bezug auf **P** – wie PEP, die Klopftechnik nach Michael Bohne, und auf **L** – wie Lösungsfokussierte Maßnahmen genommen.

## 3.1 Freudvolle Begegnungen im Unterricht

### *3.1.1 Lenken, leiten und steuern*

Die Aufgaben eines Lehrers sind äußerst vielfältig und oft gar nicht so genau definiert, wie man immer denkt. Die schulischen Lehrpläne geben zwar meist ganz genau Aufschluss darüber, was die Schüler am Schuljahresende alles gelernt haben sollen. Dabei werden jedoch v. a. Wissensziele beschrieben, die erreicht werden sollen – das heißt, die abrufbar sein sollen. Wie man das jedoch bewerkstelligen soll – bei Kindern, die doch extrem unterschiedliche Fertigkeiten mitbringen –, ist leider nirgendwo so recht beschrieben. Zumal der Lehrer doch »Erziehen und Lehren« soll – und zwar genau in der Reihenfolge. Denn wie will man in einer Klasse lehren, in der sich manche Schüler aus Angst vor Diffamierung nicht getrauen, den Mund aufzumachen, oder die man in der Pause »nicht alleine lassen kann, um aufs Klo zu gehen, weil die sich dann sofort kloppen«?

Meines Erachtens hat jeder Lehrer oder Erzieher (also auch Eltern!) eine Führungsaufgabe. Dabei besteht der Sinn der Führung darin, Einstellungen und Verhalten zu beeinflussen, um bestimmte Ziele erreichen zu können. Das fängt schon mal damit an, dass man das Neugierverhalten eines robbenden Kleinkindes von der Steckdose ablenken und auf einen anderen physikalisch interessanten Sachverhalt lenken muss, um das Ziel eines langen Lebens verfolgen zu können. Bei der Schulung von Führungskräften ist völlig klar, dass diese über ganz bestimmte organisationsspezifische Führungskompetenzen verfügen bzw. dieselben erlernen sollen. Unter dem Begriff »Führen« versteht man »leiten«, »die Richtung bestimmen« oder »in Bewegung setzen«. In den Sozialwissenschaften geht man bei »Leadership-Qualitäten«

von planenden, koordinierenden und kontrollierenden Fähigkeiten aus. Sie werden mir sicherlich nicht widersprechen, wenn ich behaupte, dass ein Lehrer all diese Fähigkeiten dringend braucht.

Nur: Wer bringt sie ihm bei? Was, wenn man nicht von Natur aus mit diesen Fähigkeiten bestückt ist – angefangen mit einer raumgreifenden Stimme, einem aufrechten, klaren Auftreten und einer natürlichen Respekt einfordernden Persönlichkeit? Sie selbst können, ganz Ihrer Persönlichkeit und Ihren eigenen Vorlieben entsprechend, Ziele formulieren und verfolgen sowie nicht zielführende Erwartungshaltungen, die Ihnen im Wege stehen, entrümpeln (s. 3.2.1). Das ist eines der häufigsten Anliegen von Lehrern in Coachingprozessen.
»Ab jetzt bin ich der Kapitän meiner Mannschaft!« ist eine der möglichen Zielformulierungen!

Sätzen wie »Das hat man oder hat man nicht!« sollten Sie sofort mit einer Selbstwertübung begegnen, falls Sie das Gefühl haben sollten, zu der zweiten Kategorie zu gehören.

*Abb. 4: Kapitän*

Reiben Sie die Vertiefung unterhalb Ihres Schlüsselbeins und sagen Sie zu sich selbst:

»Auch wenn ich gerade das Gefühl habe, mir fehle etwas davon, liebe und akzeptiere ich mich so, wie ich bin!«

Den tieferen Zusammenhang dieses aus der Methode »PEP« (Prozess- und Embodiment-fokussierte Psychologie) stammenden Ansatzes erkläre ich im Abschnitt 3.2.1.

Zusätzlich können Sie sich auch die Frage stellen, ob Ihr Gegenüber Sie absichtlich ein bisschen hilflos machen will oder ob das völlig unbeabsichtigt war. Wenn Sie glauben, dass es Absicht war, fragen Sie sich, was derjenige davon hat, wenn Sie hübsch hilflos reagieren, und wägen Sie ab, ob Sie der Person wirklich so viel Einfluss in Ihrem Leben einräumen wollen. Wichtig zu wissen ist jedoch schon jetzt, dass jede Abwertung Energie raubt – und die ist besonders wichtig, wenn Sie Ihrer Führungsaufgabe gerecht werden und die Aufgabe des Steuerns ernsthaft übernehmen wollen. Die Wahrscheinlichkeit, dass der andere sich bei Ihnen entschuldigt, ist relativ gering – er weiß ja noch nicht mal, wofür. Drum kümmern Sie sich am besten selbst um Ihren Energiezustand!

*Ab jetzt steuere und lenke ich meine*
*Mannschaft immer öfter mit Freude!*

### *3.1.2 Verhalten effektiv regulieren*

Wenn ich nun etwas über die Grundlagen der Verhaltenstheorie schreibe, werden Sie sicherlich nichts ganz Neues erfahren. Dennoch ist es verblüffend, welche Auswirkungen es hat, wenn man sich diese Kenntnisse mal wieder ins Gedächtnis ruft.

Klar wissen alle Lehrer und Erzieher und sogar fast alle Eltern, dass man **gewünschtes Verhalten belohnen**, loben bzw. verstärken soll. Aber was, »wenn es nichts zu loben gibt«? Lehrer erklären mir immer wieder, dass man ja nur loben könnte, wenn das Kind auch das tut, was es tun soll. Doch denken Sie mal an einen jungen Hund.

*Abb. 5: Junger Hund*

Was machen Sie, wenn Sie ihm beibringen wollen, auf ein bestimmtes Kommando hin zu Ihnen zu kommen? Sie rufen den Namen des Hundes und dazu z. B. das Kommando »Hierher!«. Der Hund kommt nicht gleich, sie rufen ein zweites Mal. Womöglich sogar ein drittes Mal. (Spätestens an dieser Stelle mokiert der erfahrene Hundetrainer, dass das Kommando beim jungen Hund nur in dem Moment gegeben werden darf, in dem der Hund sowieso schon auf einen zuläuft, damit die Misserfolgswahrscheinlichkeit von vornherein reduziert wird. So hat der Hund nämlich die Erfahrung gemacht, dass er sich aussuchen kann, ob er nach dem ersten, zweiten oder dritten Rufen kommt!) Jetzt kommt das Tier erfreut auf Sie zugerannt. Was tun Sie genau in diesem Moment?

Nie sagt jemand »bestrafen!«. Alle sind sich einig: belohnen ($C^+$, s. Abb. 6) mit einem Leckerli. Aber was macht man mit einem Kind, das seine Hausaufgaben vergessen hat? Vielleicht sogar dreimal?

In der Tat kann man von dem Hundetrainer viel lernen. Wenn wir an ein Kind eine Anforderung richten zu einem Zeitpunkt, an dem es die Aufgabe höchstwahrscheinlich auch bewerkstelligen kann, haben wir von vornherein eine Möglichkeit zum Loben geschaffen. Aber dazu muss ich natürlich auch wissen, wann der Moment günstig ist. Man kann das Kind ansehen: Hört es mir gerade zu oder schaut es mich nur an und ist in Gedanken ganz woanders? Das ist natürlich in der allgemeinen Unruhe in einer Schulklasse nicht so einfach.

Wann belohnen wir also Kinder für ihr Verhalten? Wenn es genau so ausfällt, wie wir es wollten, oder auch, wenn das Kind eigene eventuell ungewöhnliche Lösungen vorschlägt? Ich habe immer den Eindruck, dass wir als Mitteleuropäer nicht so gut gelernt haben zu loben. Man kann jedes Kind loben! Das Kind, bei dem die Tür immer kracht, wenn es sie schließt, kann man loben, wenn es sie etwas leiser schließt als sonst. Dem krakelig schreibenden Kind kann man sagen: *»Das konnte ich schon viel besser lesen als letztes Mal- du hast dir wirklich viel Mühe gegeben!«*, und dem notorischen Dazwischenquatscher kann man Anerkennung zollen mit *»Gut, dass du bis zu Ende zugehört hast!«* (was nicht unbedingt heißt, dass er den Inhalt auch voll erfasst hat, denn das Unterdrücken von impulsivem Handeln kann viel Aufmerksamkeit absorbieren, die eigentlich zur Informationsaufnahme nötig wäre). Obschon Lehrer immer wieder sagen, sie würden schon loben, das wisse man ja, zeigt sich das Verhältnis zwischen Lob und kritischen Äußerungen meist sehr zugunsten der Letzteren. Zwischen unzähligen Bemerkungen wie »Wenn man so sitzt, kann man nicht richtig schreiben!«, »Wieso liegt hier ein zweiter Stift auf dem Tisch?«, »Na, so geht's ja gar nicht!« oder »Hast du nicht richtig zugehört?« wird vielleicht das Lob »Genau!« auch gar nicht mehr wahrgenommen.

Doch schauen wir mal an, wo wir nicht zu wenig, sondern **zu viel »loben«** bzw. »Verhalten verstärken« ($C^+$). Das ist viel häufiger der Fall, als Sie denken, und steht keinesfalls im Widerspruch zu dem, was ich im letzten Absatz geschrieben habe.

Stellen Sie sich folgende Szene vor: Das ADHS-Kind lässt sich im Unterricht endlich dazu bewegen, im Heft die Sätze mitzuschreiben, die der Lehrer an seiner elektronischen Tafel zum Vergleich bietet. Das Kind schreibt angestrengt, mit viel Mühe, einige Worte. Der Stift bricht ab. Es holt einen anderen aus der Federtasche, dabei fällt das Lineal hinunter. Das Kind hebt es auf, stößt dabei gegen die Tischplatte. Spätestens jetzt interveniert der Lehrer. Meistens folgt eine Ermahnung wie: »Was machst du denn unter dem Tisch, du sollst doch schreiben! Die anderen sind viel weiter als du!« Bestenfalls fragt man, ob das Kind Hilfe brauche. Und Sie können sich Mühe geben, wie Sie wollen – auch wenn Sie noch so garstig schimpfen oder strenge Blicke senden: Diese Zuwendung, die direkt auf das unerwünschte Verhalten folgt – verstärkt dasselbe, d. h., sie erhöht die Auftretenswahrscheinlichkeit! Das Kind lernt: Wenn ich mich so verhalte, bekomme ich eine Menge Aufmerksamkeit – ohne dass es das bewusst denken würde! Aber da ist ein wichtiger Ansatzpunkt in allen Familien und Klassenverbänden, denn das ADHS-Kind erfährt die meisten Reaktionen auf seine ADHS-Symptome und lernt damit: Wenn ich mich ADHS-typisch verhalte, werde ich wahrgenommen. Hier müssen wir ansetzen und dem Kind beibringen, dass es auch für seine angenehmen Seiten gesehen, gehört und vor allem geschätzt wird!

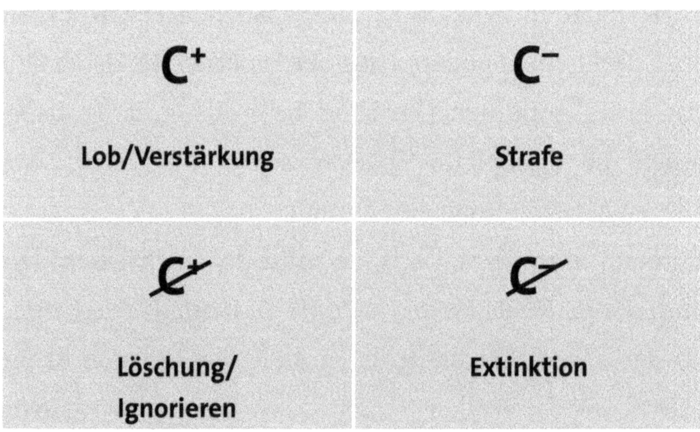


*Abb. 6: Verstärkerschema*

Schauen wir uns noch die anderen drei Dimensionen der Verhaltensregulation an.

Einen **Strafreiz** ($C^-$) zu verabreichen senkt die Wahrscheinlichkeit, dass das zuvor stattfindende Verhalten erneut durchgeführt wird. Das wurde in Versuchen an Ratten nachgewiesen, die durch einen Stromschlag auf dem gelernten Weg im Labyrinth zukünftig den eigentlich Nahrung bringenden Weg vermeiden. Nun können Sie Schüler nicht mit Stromschlägen oder anderen Züchtigungen bestrafen. Was haben Sie also als Strafe zur Verfügung?

Schreiben Sie mal rasch auf, womit Sie einen Schüler bestrafen können, bevor Sie weiterlesen!

Welche Möglichkeiten gibt es also? Eine Sechs für dreimal vergessene Hausaufgaben? Überlegen Sie, für welche Schüler das eine Strafe ist! Einen fleißigen, unproblematischen Schüler, der zielstrebig arbeiten will und auch weiß, wie das geht, den schreckt so eine Androhung in der Tat. Anders der »ADHSler«, der die Hausaufgaben immer vergisst zu notieren, sich zu Hause an nichts erinnert oder die Hausaufgabensituation zu Hause zu meiden sucht, weil dabei so eine hohe nervliche Anspannung herrscht, da es zwischen Mutter und Kind immer wieder zu erniedrigenden Auseinandersetzungen kommt (meistens sind es die Mütter, die die Hausaufgaben mit dem Kind machen; Väter sind unterdes nicht weniger angespannt, wenn sie diese Aufgabe übernehmen) – dieses Kind wird zwar darunter leiden, aber es kann nichts daran ändern. Es hat weder Strategien parat gegen seine Vergesslichkeit, noch die Möglichkeit, die angespannte Mutter zu entspannen, die nämlich das drohende Schulunheil auf das Kind zurollen sieht. Doch wenn die Sechsen häufiger kommen, verlieren sie ihren Schrecken.

Ich war vor einiger Zeit in einer Schule zu einer Fachlehrerkonferenz in der 5. Klasse einer »Sozialer Brennpunkt-Schule« wegen einer Klientin, die in einem Halbjahr 17 Sechsen für vergessene Hausaufgaben gesammelt hatte! Die Lehrer waren nicht gerade begeistert über meinen Besuch und es stellte sich schnell heraus, dass es in dieser Brennpunktschule Kinder mit viel mehr Sechsen wegen vergessener Hausaufgaben gab! Das Klassenbuch hatte eine Strichliste, aus der leicht zu ersehen war, dass andere Kinder, deren Eltern nach Angaben der Lehrer die

Kinder »motivierten«, nach Beenden der Schulzeit sowieso nur Harz IV zu erhalten, bis zu 54 solcher Striche gesammelt hatten. So entfernte sich das Gespräch erst mal von dem eigentlichen Anlass meiner Klientin. Wir waren uns rasch einig, dass die bisherige Methode nicht sehr effektiv sei. Die Frage, was diese Kinder denn wirklich motivieren könnte, beantworteten die Lehrer mit »den angedrohten Wegfall der Klassenfahrt zurückzunehmen«.

Ich riet den Lehrern, ein System zu finden, wie die Kinder kollektiv Punkte sammeln können, mit denen sie das 4 Wochen später stattfindende Landschulheim verdienen. Es wurde festgelegt: Bis zum Tag x müssen 48 grüne Punkte erreicht werden. Die Lehrer vergeben diese Punkte beim Vorzeigen erledigter Hausaufgaben und kleben sie sichtbar an die Wand. Bei 48 Punkten dürfen alle mit ins Landschulheim. Die Klasse bekommt das vorher erklärt, indem wir den Ja-sage-Effekt nutzen:

»*In 4 Wochen ist unsere Klassenreise geplant, stimmt's?*« Die aufmerksamen Schüler sagen »Ja!« – dadurch werden alle anderen »wach«.

»*Wir wollen 4 Tage wegfahren?*« – jetzt sagen schon fast alle »Ja!«.

»*Dort wollen wir … machen und vor allem keine Schule haben, stimmt's?*« – Spätestens hier stimmen alle lauthals zu.

»*Und ihr wollt alle mit!*« (die Stimme sollte das eher postulierend als fragend intonieren) – »Ja!«-Gebrüll.

»*Okay – das kriegen wir hin!*« (mit Chearleader-Stimme) – »Ja!«, denn sie wissen ja noch nicht, was sie dafür tun müssen.

»*Gut: Ihr bekommt ab jetzt von mir grüne Punkte. Wenn ihr 48 gemeinsam gesammelt habt, kann's losgehen! Ok?*« – »Ja!« – vielleicht fragt aber auch jemand: »Wofür gibt's die?« Die Antwort lautet bei diesem Kind: »*Wenn du mir das nächste Mal die Hausaufgabe in … vorgezeigt hast*« (und dabei nennt der Lehrer das Fach, in dem das Kind die Hausaufgaben am liebsten macht bzw. schon mal gemacht hat).

Bevor großes Gemaule aufkommen kann, fragt der Lehrer wieder mit Chearleader-Stimme:

»*Das kriegt ihr hin, oder?*« – einige sagen »Ja!« –, der Lehrer: »*Ich höre nichts – noch mal!*« – »Jaaa!« – »*Noch mal!*« – »Jaaaaa!!« – »*Wusst ich's doch!! Auf euch ist Verlass!! Los, lasst uns mit Mathe anfangen, damit wir im Landschulheim auch richtig abhängen können!*«

Die Klasse hatte die Punkte viel schneller zusammen, als alle für möglich gehalten haben. Logisch waren dabei einige besonders fleißig – meine Klientin bat sogar die Lehrer selbst, sie doch bitte darauf aufmerksam zu machen, wenn die Hausaufgaben angesagt werden, damit es ihr nicht entginge.

Viele wirkliche Strafen ($C^-$) sind mir beim Brainstorming mit allen möglichen Lehrergruppen noch nicht eingefallen. Das »**Vor-die-Tür-Stellen**« kann sinnvoll sein, kann aber viel besser als effektive Alternative zum Verbleiben im Unterricht genutzt werden, wenn es nicht als Strafe deklariert wird, sondern als Handlungsalternative zur Verfügung steht:

*»Wir stellen Dir einen Tisch vor die Tür, und wenn einer von uns beiden merkt, dass Du gleich platzt oder du dich gar nicht mehr hier konzentrieren kannst, dann nimmst du dein Blatt, gehst raus und arbeitest draußen weiter! Bevor du dich dort hinsetzt kannst du ja noch 20 Liegestütze machen!«*

**Ausschließen** von einer schulischen Aktivität bestraft meistens die Eltern, die sich um eine »Ersatzbetreuung« kümmern müssen. Je nachdem, wie die Beziehung zwischen Eltern und Schule ist, kann das hilfreich sein oder auch nicht. Das Kind hat dabei meist den Gewinn einer 1:1-Betreuung oder die Aufmerksamkeit, als Einziger in der Parallelklasse zu sitzen, in der jeder fragt: »Warum bist du denn heute bei uns?« Im Übrigen erhöhen wir damit die Wahrscheinlichkeit, dass sich das Kind irgendwelche »Geschichten« einfallen lässt, um nicht die peinliche Wahrheit zu sagen. Und selbst, wenn es die Wahrheit sagt, ist es nicht immer das, was man in einer Schule verbreitet haben möchte. »Ich durfte diesmal nicht mit, weil ich neulich in der Kirche rausgerannt bin, weil mich die anderen hinter mir so provoziert haben, dass ich gehen musste, sonst hätte ich denen eins auf die Mütze gegeben.« Die anderen Schüler sehen die Situation womöglich nicht durch die Brille des Lehrers! Außerdem bedeutet ein Ausschluss auch immer »Der ist nicht integrierbar!«, was von den Schülern, die den Ausgeschlossenen auf dem Kieker haben, gerne als soziales Vorbild aufgenommen wird.

Einen **Eintrag ins Hausaufgabenheft** zu geben, um den Eltern die »Vergehen« des Kindes mitzuteilen, sollte man besser als regelmäßiges, auch für positive Rückmeldung genutztes Kommunikationsmedium mit den

Eltern verwenden denn als Strafe. Wenn das Kind zu Hause ankommt und die Eltern mit ihm darüber reden, ist das Kind nicht mehr in der gleichen emotionalen Verfassung wie zum Zeitpunkt des Geschehens. Es hat sich wieder abgeregt, weint vielleicht sogar, weil es selbst nicht mehr weiß, warum es sich heute sehr zum Ärger der Lehrerin Stifte in Nase und Ohren gesteckt hat, oder hat eine ganz schlüssige Erklärung dafür wie »Mir war so langweilig und die anderen haben dann so schön gelacht!«.

Insofern kann das Besprechen zu Hause recht sinnvoll sein, weil das Kind wieder mehr Zugriff auf seine Hirnrinde hat, in der Problemlösestrategien generiert werden. Nur: Das noch so einsichtsvolle Gespräch zu Hause hat je nachdem, wie es geführt wird, einen Einfluss auf das Selbstbewusstsein und die nachträgliche Reflexion des Kindes. Es wird vielleicht auch ganz ehrlich gemeint beteuern, so etwas nie wieder zu tun, aber es hat keinerlei Einfluss auf das impulsive Verhalten, sprich die mangelnde Unterdrückung motorischen Handelns im Frontalgehirn, die am nächsten Tag, in unwesentlich abgewandelter Form wieder auftreten kann.

Damit das Ganze als eine sinnvolle Maßnahme betrachtet werden kann, ist immer vorausgesetzt, dass mit den Eltern ein fruchtbarer kommunikativer Austausch stattfindet bzw. die Eltern überhaupt mit dem Kind darüber reden, sprich ein Interesse an den schulischen Belangen ihrer Kinder zeigen. Einträge bei Kindern, deren Eltern mit den Lehrern nur ein gegenseitig herabsetzendes Verhältnis haben, gehen nach hinten los: Die Kinder bekommen dann nur eine weitere Erklärung dafür, was der Lehrer falsch gemacht hat. Dann kommt im Zweifelsfall der Zweitklässler am nächsten Tag strotzend vor Rückendeckung zur Schule und sagt: »Von Frauen muss ich mir gar nichts sagen lassen! Und wenn du mich nicht in Ruhe lässt, sag ich's meinem Papa. Der kommt dann und regelt das!« Die Lehrerin kannte den Vater schon und war nicht scharf darauf, noch einmal ein Streitgespräch mit ihm zu führen und – schwupp – befand sie sich in einer ziemlich hilflosen Situation. Auch bei ihr ist nun das emotionale Gehirn mit gelernten Überzeugungen angetriggert, und sie reagiert womöglich nicht mehr mit all ihren zweifelsfrei vorhandenen Kompetenzen, mit denen sie vielleicht hilfreich reagieren würde, indem sie gelassen sagt:

*»Na, wenn du meinst. Aber weißt du was? Hier gelten meine bzw. unsere Regeln! Und jetzt schleunigst an deine Arbeit!«*

Mit anderen Worten: Wir können auch bei der Anwendung der Verhaltenstheorie nie umhin, **das ganze System mit zu betrachten.**

Für sehr effektiv halte ich **Strafen** ($C^-$) – falls die bei einer systemisch-lösungsorientierten Vorgehensweise überhaupt nötig sind –, **die sofort vor Ort erfolgen und mit der Tat etwas zu tun haben.** Das bedarf einer grundlegenden, am besten Übereinstimmung erzeugenden Absprache mit den Eltern. Der Schüler, der einer Klassenkameradin heute das Getränk in und neben den Ranzen geschüttet hat, darf nach dem Unterricht das Zimmer wischen und muss versuchen, den Schaden an den Utensilien der Geschädigten wieder zu beseitigen. Die Kinder, die in der Toilette die Überschwemmung produziert haben, sind für die Beseitigung anschließend verantwortlich. Der Schüler der 8. Klasse, der Lehrer und Schüler gemobbt hat, wurde in den Ferien zwei Wochen dazu verpflichtet, in einem Altenheim Dienst an anderen Menschen zu tun.

Die Methode der Verhaltenssteuerung, den Verzicht auf eine Bestrafung zur Verhaltensbahnung ~~($C^-$)~~ zu benutzen, entfällt in Ermangelung einer dauerhaft zur Verfügung stehenden Strafe.

Um die Methode des **Verstärkerentzugs** zu besprechen, die auch die Auftrittswahrscheinlichkeit eines bestimmten Verhaltens senkt, soll die Möglichkeit des **Ignorierens** ($C^{+}$) genannt werden. Das funktioniert prima, wenn man eine gute, wohlwollende Beziehung zu dem Kind hat und dem Kind klar ist: »Ups, wenn sie jetzt keine Antwort gibt, hab ich was falsch gemacht!« Das kann nur passieren, wenn das Kind sein Gegenüber einschätzen kann und die Erfahrung gemacht hat, dass sein eigenes Verhalten auch Reaktionen in der Umgebung hervorruft. Das setzt ein ganz klar reflexives Verhalten (eine metakognitive Fähigkeit) voraus, was bei »ADHSlern« nicht immer funktioniert.

Außerdem könnte es sein, dass man wahnsinnig würde, wollte man auf jedes Verhalten des »ADHSlers« reagieren – zumal es sein könnte, dass der »ADHSler« das Ignorieren gar nicht mitbekommt, weil er gerade seine Aufmerksamkeit auf etwas anderes ausgerichtet hat (Kind will Ihnen unbedingt einen Zwischenstand präsentieren, um seine Unsicherheit, ob es so richtig ist, zu beseitigen).

Oder er interpretiert es falsch (Mimik und Gestik richtig zu interpretieren fällt ihnen oft sehr schwer, vor allem, wenn sie gerade in Fahrt sind; das heißt, Ihre gerunzelte Stirn, weil Sie gerade mit einem anderen Kind sprechen, wird nicht wahrgenommen). Daraufhin erhöht es Frequenz und Intensität seiner Intervention und zupft sie schließlich am Ärmel, stellt sich vor das andere Kind und redet noch lauter als sonst. Wenn Sie dann schließlich doch reagieren – vielleicht auch, weil sie genervt sind von dieser Aufsässigkeit –, hat dieses Kind nur eines gelernt: »Wenn ich nur massiv genug drängle, bekomme ich eine Reaktion.«

Dabei spielt es keine Rolle, ob Sie das Kind schimpfend ohne Rückmeldung an den Platz zurückschicken oder ihm die gewollte Rückmeldung doch vorzeitig geben. Geben Sie dem Kind lieber ein zuvor vereinbartes Stoppsignal, wie die zu ihm ausgestreckte Hand, oder legen Sie ihm die Hand auf die Schulter – was bedeutet: »Ich hab dich wahrgenommen« – oder zeigen Sie ihm gleich den Okay-Daumen, wenn Sie schon aus dem Augenwinkel sehen konnten, dass er die Aufgabe bisher richtig gemacht hat. Dann zieht er sich mit einem fröhlichen »Danke!«

zurück, macht eilig weiter und kommt womöglich in Kürze wieder für die nächste Bestätigung.

Freuen Sie sich über diese Phase von ADHS-Kindern! Wenn die Kinder nämlich gelernt haben, dass sie in der Handlungsorganisation immer wieder Fehler machen und sich aber nach jedem Schritt eine Bestätigung holen können, weil das Selbst-Überprüfen (eine weitere metakognitive Fähigkeit) noch nicht so zuverlässig ist, dann sind sie auf dem richtigen Weg.

Des Weiteren kann man als **Verstärkerentzug** auch das Abgeben von bereits gesammelten Punkten o. Ä. benutzen. Das Bekommen von Tokens wirkt immer besser als das Abgeben. Wenn der Entzug ganz sparsam, konsequent und für ein klar definiertes Verhalten eingesetzt wird, ist er auch wirksam. Das Hantieren mit Punkten ist in einer Klasse relativ aufwendig, und man muss aufpassen, dass der »ADHSler« nicht ständig Gefahr läuft, ein negatives Punktekonto zu bekommen. Dann geht die Motivation zum Punktesammeln verloren, denn sie funktioniert durch die externe Verstärkung – also nur, wenn das Kind die Punkte auch in etwas Angenehmes (Extrazuwendung, eine Sammelkarte, die die Eltern besorgt haben, kleine Belohnungen wie Bleistifte o. Ä.) umtauschen kann.

Vorsicht mit Süßigkeiten! Manchen »ADHSlern« hilft eine bestimmte Ernährung, die dadurch konterkariert werden könnte. Ich übe das in der Therapie in einer kleinen Runde von 3 bis 5 Kindern. Wir legen dort gemeinsam jeweils 3 ganz wichtige Regeln fest. Die Kinder machen sich gegenseitig während der Bearbeitung kognitiver Aufgaben auf angemessene Weise, sprich durch konstruktive Kritik (die üben wir eifrig durch sofortige Wiederholung, wenn's noch nicht so angemessen war), unaufgefordert auf Regelverstöße aufmerksam. So brauche ich nichts zu reglementieren und sie lernen – was viel wertvoller ist –, achtsam zu sein und wertschätzend zu kritisieren.

Es gibt nur eine einzige vorher verabredete Situation, wann man ein Token (in meinem Fall sind es Büroklammern) zurückgeben muss: wenn einer dreimal auf eine angemessene Kritik unverschämt oder völlig durchgeknallt reagiert und damit auch die anderen bzw. das Vorankommen in der Aufgabe anhaltend verhindert. Natürlich werden vorher das erste und das zweite Mal in einer

Weise kommentiert, die sicherstellt, dass der Betroffene die Warnung auch mitgeschnitten hat. Beim dritten Mal (auch das wurde vorher so angekündigt) strecke ich ohne Kommentar die Hand aus, ohne Zuwendung, mache mit den anderen weiter und stecke die Büroklammer dann wortlos in meine Dose zurück. Interessanterweise gab es dabei außer einem kurzen Vor-sich-hin-Gebrabbel »Och Mann!« noch nie eine Diskussion – nicht mal bei 13- bis 14-Jährigen. Das können Sie in Ihrer Klasse genauso machen!

Die traurigste Geschichte, die ich im Zusammenhang mit Nichtbeachtung unerwünschter Verhaltensweisen gehört habe, kam vor vielen Jahren von einer Lehrerin, die in einer schulinternen Fortbildung über ADHS-Kinder in der ersten Reihe saß und mir schon durch ihre niedergeschlagene Haltung aufgefallen war. Als ich über die Möglichkeit des Ignorierens und dessen Gefahren sprach, meldete sie sich mit »Das hätte mir mal jemand früher sagen sollen!« und hatte schon Tränen in den Augen. Ich fragte sie, ob sie mir ihr Anliegen vor dem gesamten Team oder später alleine berichten wolle, als es schon aus ihr herausbrach: »So einen Schüler hatte ich auch. Er saß in der ersten Reihe und ich dachte, ich müsse sein Verhalten ignorieren. Aber ich wurde 100.000 Mal pro Stunde abgelenkt. Ich habe das nicht ausgehalten!« Auf die Frage, was sie denn unternommen habe, antwortete sie nun weinend: »Ich habe ihn in die letzte Reihe gesetzt. Dort konnte ich ihn ignorieren. Und jetzt ist er auf einer Förderschule, obwohl er total schlau ist, und ich bin dran schuld!« Schweigen im Kollegium, kein Trost, keine Unterstützung.

An dem Tag habe ich beschlossen, keine rein informativen Fortbildungen zum Thema ADHS mehr zu machen, ohne dabei auch den Blick auf die Lehrer selbst und die persönlichen Umsetzungsmöglichkeiten zu lenken. Hier sehe ich einen wichtigen Punkt, der zu der hohen Burnout-Rate bei Lehrern beiträgt: Man bekommt unglaublich viele Informationen, wie man was machen soll, aber keiner sagt einem, wie man das mit seinen persönlichen Erwartungen, dem höchst eigenen Stressmanagement und der mangelnden Wertschätzung in Einklang bringen soll.

Damit bin ich auch beim letzten Thema des Kapitels: Wer lobt eigentlich die Lehrer? Woher bekommen Lehrer Anerkennung und Wertschätzung? Die leuchtenden

Kinderaugen sind das eine – aber oft das Einzige –, was Lehrer auf diese Frage anführen. Bringt die Gesellschaft dem Beruf heutzutage noch genügend Wertschätzung entgegen? Kommen mehr Eltern zu Ihnen in die Sprechstunde, die sich beklagen, oder solche, die Ihnen sagen »Was ich schon immer mal sagen wollte: Sie sind für mein Kind der beste Lehrer, den ich mir vorstellen kann!«? Herrscht im Kollegium eine Stimmung der gegenseitigen Anerkennung, oder sind Sie daran gewöhnt, auf eine Bemerkung wie »Ja, heute hat's gut geklappt mit der 4b!« Antworten zu bekommen wie: »Na ja, bei deinem Fach! Kein Wunder!«?

Aus meinen Teamentwicklungsseminaren sind mir diesbezüglich große Entwicklungspotenziale gewahr geworden. Und wenn Sie jetzt nach diesen Fragen mal in sich reinhören, dürfte Ihnen klar sein, warum ich diesem Thema ein eigenes Kapitel gewidmet habe.

Zusammengefasst bedeutet das:

- Loben für Anstrengungsbereitschaft
- Lob funktioniert viel besser als Bestrafung
- unabsichtliche Verstärkerfallen ausfindig machen
- konsequentes, klar definiertes Einsetzen von Verstärkern
- Ignorieren nur, wenn man es durchhalten kann
- Mal anfassen – wenn's geht: Nacken kraulen, Hand auf die Schulter
- dafür sorgen, dass das Kind gerade zuhört, wenn ich etwas Wichtiges ansage
- Es gibt immer etwas zu loben – **Loben lohnt sich!**

Am besten arbeitet man mit den Kollegen, Eltern und ggf. Therapeuten zusammen, damit das Kind sich von Erziehern umgeben fühlt, die die gleichen Ziele am besten mit ähnlichen Methoden verfolgen.

Vielleicht wundern Sie sich, dass in diesem Büchlein der Abschnitt über Verhaltensregulation vor dem über Beziehungen steht, der ja dem Systemiker eigentlich viel wichtiger ist. Das hat einen bestimmten Grund: Wenn ich Eltern oder Lehrern gegenübersitze, die gerade verzweifelt sind, weil sich der Alltag mit den besonderen Kindern so schwierig und teilweise unendlich anstrengend gestaltet, habe ich das Gefühl, deren Belastungsfähigkeit zum

Bersten zu bringen, wenn ich nun anfange, von der Beziehung zum Kind zu reden. Dann stellt sich rasch die innerliche Haltung ein: »Blödsinn, ich mag das Kind – daran kann's nicht liegen!« Der Zuhörer geht ins innere Exil und ist nicht mehr zugänglich. Vielleicht macht er sich sogar den Vorwurf »Wenn ich mich anders verhalten würde, wäre alles nicht so schlimm!«. Und das sollte auf gar keinen Fall passieren.

Viel besser erreichen kann ich diese Menschen mit den Grundlagen der Verhaltenstheorie, die meist eine unmittelbare, wahrnehmbare Konsequenz haben. Eine Veränderung, die vielleicht nicht ewig anhält, aber zunächst Erleichterung verschafft. Entweder man hat das Gefühl »Ah, ich kann also doch was daran ändern!«, also das Gefühl der Selbstwirksamkeit. Oder es überkommt einen der Gedanke »Sieh an, es ist also doch ein Kraut gewachsen, um mit diesem Kind klarzukommen!«, und man kann das Gefühl der Hilflosigkeit diesem kleinen, wenn auch unglaublich netten Manchmal-Plagegeist gegenüber beenden.

Wenn diese eher intellektuellen Möglichkeiten aufgezeigt sind, kann man sich viel leichter dem emotional geladenen Bereich widmen, als dass man seine eigenen Überzeugungen, Erwartungshaltungen und Eigenarten betrachtet und sich auf das Thema »Beziehung« einlässt. Also bietet die Reihenfolge in diesem Falle einfach einen leichteren Zugang zu dem Kind und ist keine Frage der Gewichtung.

## 3.2 Angenehme Beziehungen

Beziehungen jeder Art werden durch unterschiedliche Verhaltensweisen beeinflusst. Wir wollen uns hier anschauen, welche Regulationsmechanismen sie uns einfacher und leichter machen.

### *3.2.1 Emotionen regulieren*

Jeder von uns hat es schon einmal erlebt, wie unkontrolliert man reagiert, wenn in uns die Emotionen überkochen. Sei es, dass einem nach dem Aussteigen aus einem brennenden Auto der Feuerwehrnotruf nicht mehr einfällt oder man jemanden anschreit, nachdem einen jemand ganz anderes zuvor wütend gemacht hat.

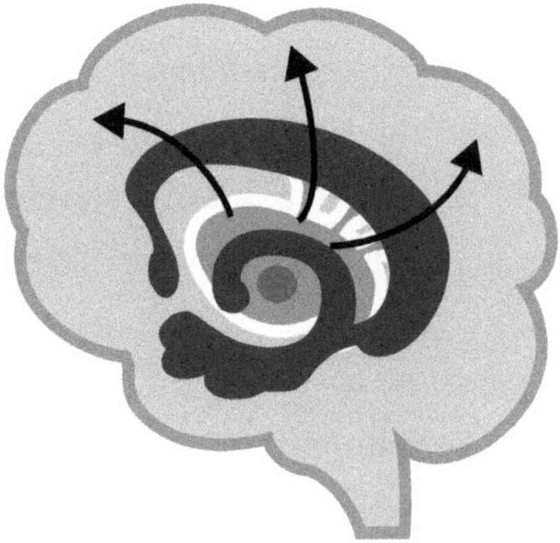

*Abb. 7: Das limbische System*

Wenn der emotionale Teil unseres Gehirns (im limbischen System) starke Aktivität produziert, fällt es der Hirnrinde – in der Problemlösungen generiert werden – schwer, effektiv zu arbeiten. So kann ein Schüler, nachdem er sich in der Pause zum hundertsten Male mit seinem Erzrivalen gestritten hat (das emotionale Hirn arbeitet wie verrückt – der Schüler sinnt auf Rache, fühlt sich peinlich unterlegen oder bloßgestellt), zu Unterrichtsbeginn völlig unfähig sein, einen in der letzten Stunde gelernten, bei den Hausaufgaben gefestigten Algorithmus zu erkennen oder wiederzugeben. Schon kommt leise der Verdacht auf, er habe nicht zugehört und die Hausaufgaben nicht erledigt (schon wieder fühlt er sich bloßgestellt). Leider ist das nicht immer so leicht durchschaubar wie in diesem Beispiel. Denn auch eine unserer eigenen Äußerungen kann das Gegenüber völlig unbeabsichtigt so betroffen machen, dass ein einfaches Besprechen der Situation zur Lösungsfindung nicht mehr erfolgen kann.

So hat sich z. B. mal ein Schüler eine ganze Unterrichtsstunde »verweigert«, schmollend, ohne Erklärung in die Ecke gesetzt, weil er seine Strümpfe nicht ausziehen wollte, was für ein Fußabdrucksbild erforderlich gewesen wäre – denn er hielt seine Füße für hässlich (auf solche abgespeicherten Überzeugungen kommen wir später zu sprechen). Die Lehrerin sagte nur salopp zu ihm: »Du hast wohl die Füße nicht gewaschen?« Da war natürlich keine Kommunikation mehr möglich! Es wäre sicher hilfreich gewesen, zu sagen: *»Auch wenn es dir schwerfällt, deine Socken auszuziehen, bist du ein ganz cooler Kerl!«*. Da uns so etwas im Alltag recht oft passiert, was uns und unseren Mitmenschen viel Stress beschert, möchte ich hier eine Methode vorstellen, mit der sich Emotionen sehr gut regulieren lassen.

Bei dieser »PEP« genannten Methode (Prozess- und Embodiment-fokussierte Psychologie; vgl. Bohne 2014), beklopft man bestimmte Körperpunkte, um die Erregung im emotionalen Hirn zu reduzieren.

Um das zu üben, stellt man sich eine stresserzeugende Situation mit allen Sinnen genau vor, spürt nach, wo im Körper dieses Gefühl sitzt und beklopft die Punkte mit den mittleren drei Fingern der dominanten Hand. Dabei bleibt man in Gedanken fest mit der auslösenden Situation verbunden.

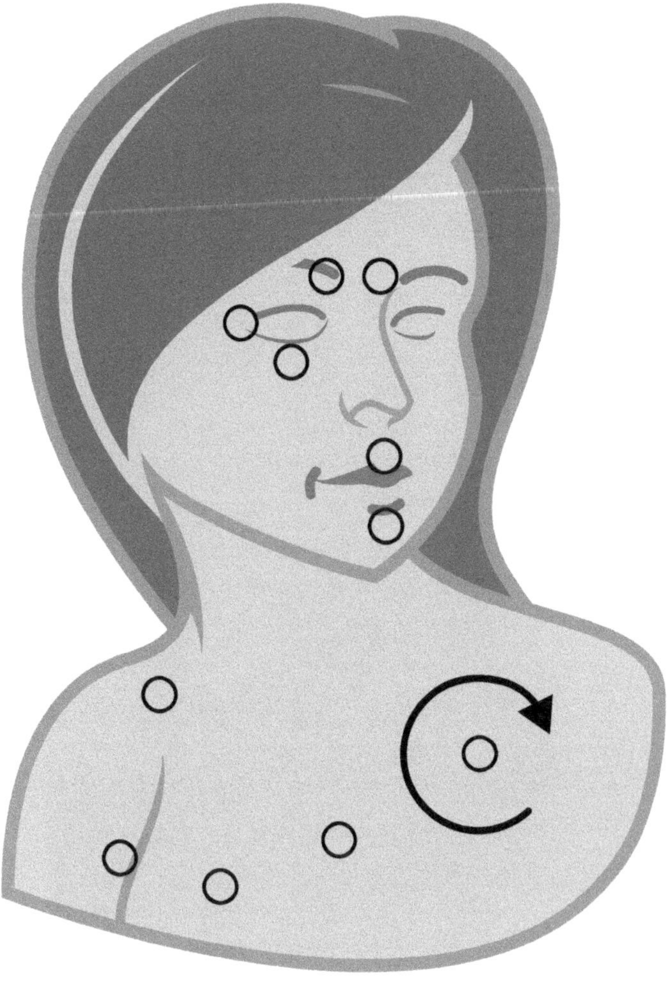

*Abb. 8a: Klopfpunkte beim PEP*

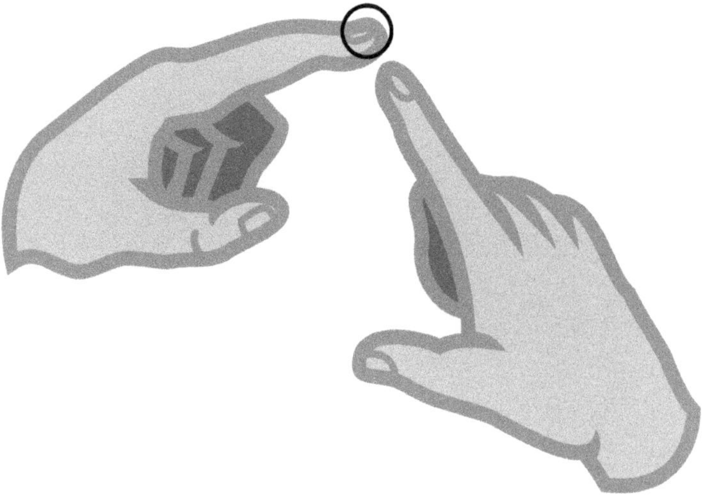

*Abb. 8b: Klopfpunkte beim PEP*

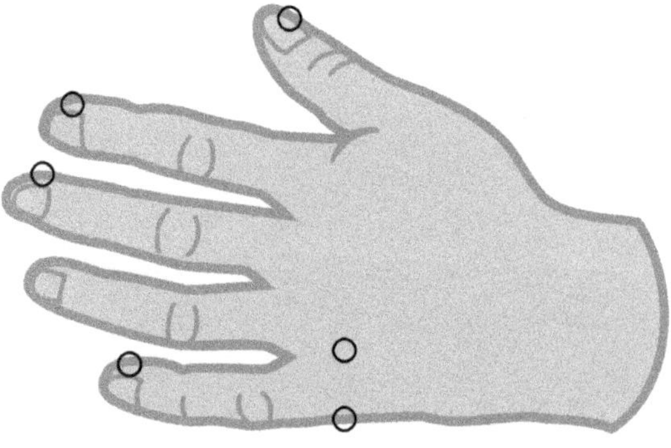

*Abb. 8c: Klopfpunkte beim PEP*

In den meisten Fällen reduziert sich dadurch bereits der wahrgenommene Stress. Nach einiger Übung findet man »Lieblingspunkte«, deren Beklopfen besonders effektiv ist. Diese helfen einem in vivo, eine Situation ganz schnell zu entschärfen. Klappt das nicht, wird laut Bohne das Auflösen der Emotionen durch Blockaden behindert. Solche Blockaden können sein:

1. Man macht den anderen Vorwürfe, Schuldzuweisungen – damit ist man nicht mehr selbst Herr der Lage (würden die Eltern anders reagieren …).
2. Man macht sich selbst Vorwürfe, die das Verändern der Emotion verhindern (ich hab's wieder nicht geschafft …).
3. Man hat Erwartungen, die unerfüllbar sind (ich möchte, dass alle mich mögen …).
4. Man hält sich aus Loyalität an das, was einem eine wichtige Person im Leben über einen selbst mitgeteilt hat (aus dir wird nie ein guter Lehrer …, du wirst nie …).
5. Man »schrumpft« emotional – getriggert durch einen bestimmten Auslöser – in ein Alter, in dem man die jetzt benötigten Fähigkeiten noch nicht

hatte (durch einen Tonfall, der sie an ihren Vater erinnerte, schrumpfte eine Lehrerin in ihrer Zweitlehrerrolle immer zum Schulmädchen und konnte mit dem Kollegen keine vernünftigen Absprachen treffen).

Diese Blockaden werden weniger wirksam, wenn man sie sich bewusst macht und mit einem positiv formulierten Selbstakzeptanzsatz relativiert. Beim Aussprechen desselben reibt man den Selbstakzeptanzpunkt unter dem Schlüsselbein, um die Wirkung zu verstärken. Der Satz fängt immer an mit »*Auch wenn ich …*« und hat im zweiten Teil eine wertschätzende, akzeptierende Formulierung wie z. B. »*liebe und akzeptiere ich mich so, wie ich bin*« oder »*bin ich ok, so wie ich bin*«.

Beispiele für Selbstakzeptanzsätze sind etwa:

- »*Auch wenn mich xy*[1] *wieder auf die Palme gebracht hat, liebe und akzeptiere ich mich so, wie ich bin.*«
- »*Auch wenn ich's mir ein bisschen schwer mache, wenn ich von allen geliebt werden will, liebe und akzeptiere ich mich so, wie ich bin.*«

Darin liegt der Anfang einer selbst gesteuerten Emoti-

1 Ich verwende »xy«, um nicht einen Eigennamen zu einer Diagnose zu machen.

onsregulation: sich selbst lieben (emotional) und akzeptieren (kognitiv), mit all den Besonderheiten, die einem gegeben sind. Wenn man die Erleichterung dieser Selbstakzeptanz einmal gespürt hat, fällt es einem auch viel leichter, ein »Problemverhalten« von anderen als unregulierte Emotion zu erkennen und entsprechend zu reagieren. So ein Satz kann wie im o. g. Beispiel auch für einen anderen ausgesprochen werden und hilft demjenigen oft über seine »verbockte Haltung« hinweg.

### *3.2.2 Lösungsorientierte Kommunikation*

Als Lehrer haben Sie nun eine wichtige Führungsaufgabe und viele unterschiedliche Gesprächspartner. Demzufolge ist es sehr sinnvoll, immer wieder zu überprüfen bzw. auch jemanden von außen draufschauen zu lassen, ob das, was ich ausdrücken möchte, beim anderen auch so ankommt, wie ich es beabsichtigt habe. Da Kommunikation nie eindeutig ist und zum überwiegenden Teil aus nonverbalen Elementen besteht, ist es naheliegend, dass man sie ständig trainieren und offen für die Rückmeldungen aus der Umgebung bleiben muss. Ich halte eine lösungs- und ressourcenorientierte Kommunikation für eine sehr effektive Methode, um viele der üblichen Missverständnisse zu vermeiden. Nach Ben Furman und Tapani Ahola gelingt ein Gespräch nicht, wenn wir uns auf das Problem konzentrieren. Denn in der Analyse der Ursache machen wir schon anklagende Erklärungen, die meist zulasten des anderen gehen. Der hat dann das Bedürfnis, sich zu verteidigen, und schon ist Schluss mit konstruktiven Ideen. Denn mit der Gegenanklage wird sichergestellt, dass beide Gesprächspartner eine schlechte Gemütsverfassung bekommen, in der sie keine kreativen Lösungen mehr produzieren können. Demzufolge gibt es dann auch keine Besserung. Wenn man dann nach geraumer Zeit wieder darauf zurückkommt, stellt man fest, dass sich wirklich nichts geändert hat. Man macht neue anklagende Erklärungen, der Empfänger hat auch dieses Mal das Bedürfnis, sich zu verteidigen, und der Problemkreislauf ist perfekt.

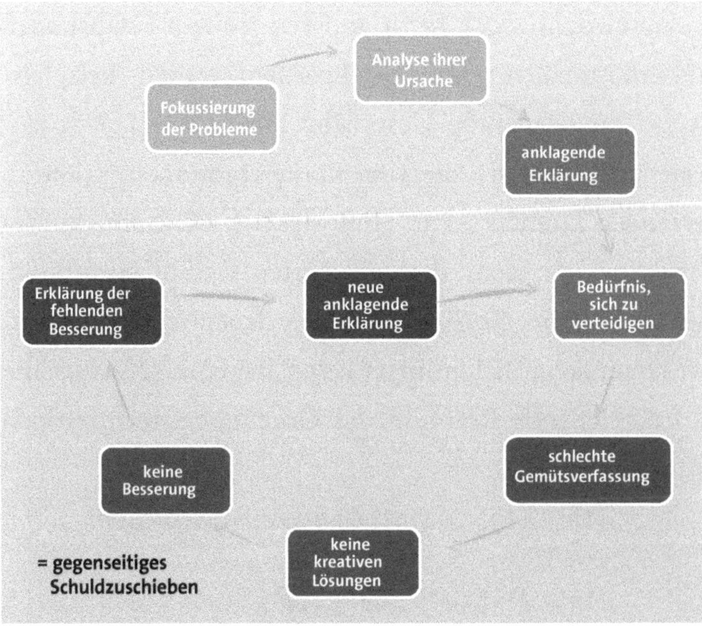


*Abb. 9: Teufelskreis des Problems (nach Furman u. Ahola 2014)*

Das funktioniert mit ihren Schülern, deren Eltern, Ihren Kollegen oder Ihren Liebsten allen gleich. Ein Vorwurf genügt, um beim Gegenüber eine Kampfhaltung zu erzeugen. »Wieso sorgen Sie nicht dafür, dass Ihr Kind die Hausaufgaben täglich erledigt?« – »Sie sorgen doch auch nicht dafür, dass er sie überhaupt ins Heft einträgt. Wie kann ich sie dann mit ihm erledigen?«

Wenn dann noch beim anderen frühere Erfahrungen im emotionalen Gehirn wachgerufen werden (beispielsweise unangenehme Gespräche mit einem Lehrer zur eigenen Schulzeit), die eine starke emotionale Reaktion erzeugen können (Wut, Hilflosigkeit), wird die aktuelle Reaktion von dem abgespeicherten Gefühl beeinflusst. Das sind dann die Situationen, in denen man sich fragt, was man denn »Schlimmes« gesagt haben soll, was so eine überschießende Reaktion des Gegenübers rechtfertigen würde.

*Deeskalieren statt Öl ins Feuer zu gießen!*

*Abb. 10: Öl ins Feuer gießen*

Dabei klappt es viel besser, wenn man den Gesprächspartner von Anfang an nach gemeinsamen Zielen fragt. »*In letzter Zeit habe ich den Eindruck, dass es Ihrem Kind schwerfällt, an die Erledigung von Hausaufgaben zu denken. Haben Sie eine Idee, wie wir ihm dabei behilflich sein können?*« Damit laden Sie die Eltern ein, ein gemeinsames Ziel mit Ihnen zu entwickeln. Dabei ist es sehr hilfreich, nach vorangegangenen Erfolgen zu schauen. »*Vor Weihnachten hat das doch ganz prima geklappt. Was war da anders?*« (Da hat die Mutter weniger gearbeitet und sich mehr um die Hausaufgaben gekümmert. Dazu musste oft ein Klassenkamerad angerufen werden, weil nichts im Hausaufgabenheft stand. Jetzt kontrolliert sie nur noch, ob das Eingetragene erledigt ist.) Mit anerkennenden Erklärungen gibt man dem Gegenüber ein Gefühl von Kompetenz. Man sagt der Mutter z. B.: »*Es ist ja fantastisch, dass Sie es abends noch schaffen, sich darum zu kümmern. Das tun viele Eltern nicht, die mehr Zeit dazu hätten.*«

Dann haben beide Gesprächspartner die Möglichkeit, nach Lösungen zu suchen, ohne sich schuldig zu fühlen. Es können Vorschläge gesammelt werden: Die Lehrerin gibt acht, wenn Hausaufgaben angesagt werden, ob sie auch notiert werden; der Schüler bittet den Tischnachbarn, ihn darauf aufmerksam zu machen; die Mutter erinnert nachmittags telefonisch daran, dass das Kind selbst einen Klassenkameraden anrufen kann; die Hausaufgaben werden auf die Website der Schule gestellt (dies ist v. a. bei Jugendlichen ein guter Weg) …

Manche Ideen müssen evtl. verworfen werden, aber es bleiben genügend übrig. Dann ist es wichtig zu definieren, was denn ein Fortschritt gegenüber dem derzeitigen Stand wäre, und zwar ein kleiner, der bald eintreten kann, damit dann wieder eine anerkennende Erklärung folgen kann, die wieder ein Kompetenzgefühl hervorruft. »*Hey Klasse, das klappt ja wie geschmiert! Auf dich ist ja Verlass!*«, wenn das Kind die Hausaufgaben das nächste Mal dabei hat – ohne Aussage über die Qualität!

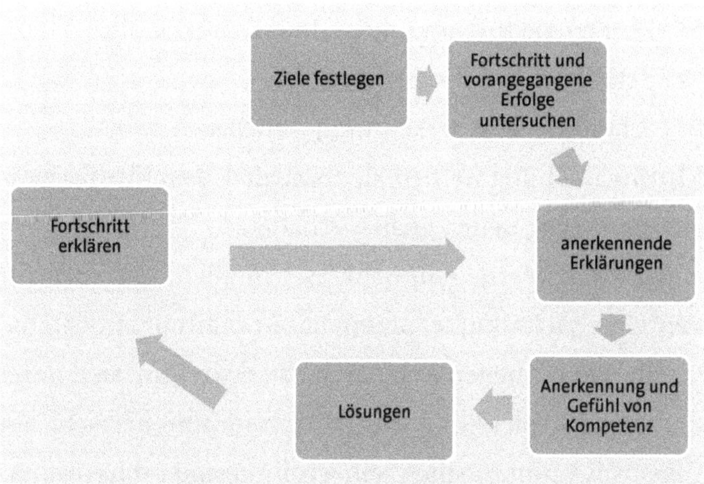


*Abb. 11: Positivkreislauf (nach Furman u. Ahola 2014)*

Demnach gibt es 6 Schritte, die unaufhaltsam eine Verbesserung in Ihre Gespräche bringen, wenn Sie sie immer wieder befolgen:

1. Wandeln Sie das Problem in ein genau benanntes Ziel um!
2. Machen Sie das Ziel interessant und für das Gegenüber attraktiv!
3. Legen Sie gemeinsam fest, was als Erfolg gewertet wird!
4. Das Ziel muss realistisch und erreichbar sein.

5. Lenken Sie Ihre und die Aufmerksamkeit aller Beteiligten auf die Fortschritte.
6. Schenken Sie Anerkennung – auch sich selbst!

Mit etwas Übung werden Sie feststellen, dass Ihre Gespräche eine völlig neue Qualität erhalten.

Bei »ADHSlern« empfiehlt es sich allerdings auch für den Unterricht, kurze, prägnante Kommunikationsmuster für den schnellen Austausch zu entwickeln, weil unter der starken Ablenkung, die im Klassenraum herrscht, ein Gespräch kaum möglich sein wird. Da sind oft nonverbale Mittel sehr geeignet.

Man kann mit dem Kind eine Art »**Geheimsprache**« entwickeln, was man am besten unter vier Augen mit ihm bespricht: »*Sag mal, kann es sein, dass es für dich manchmal schwierig ist, in dem Moment aufzupassen, wenn ich etwas Wichtiges sage?*« – Sie werden eine ja-ähnliche Antwort erhalten. »*Wäre es für dich besser, wenn du einen unauffälligen Hinweis von mir bekommen würdest?*« (Ziel interessant machen) – sicherlich ein »Ja!«. »*Wir könnten ein Zeichen verabreden, das nur wir beide kennen. Dann kann ich dir den Hinweis geben, ohne dass es alle mitkriegen.*« Sie machen ein Zeichen aus für »Jetzt kommt was Wichtiges«. Ein **Stoppzeichen** ist dagegen für alle Kinder nötig, mit dem diese sich auch gegenseitig zeigen können, wo eine Grenze erreicht ist. So können Sie auch mit Zeichen (z. B. Daumen nach oben, zuzwinkern etc.) öfter mal **für ein Erfolgserlebnis sorgen** – dazu muss nicht immer die ganze Klasse applaudieren, und Sie haben als Lehrer kein schlechtes Gewissen, dass Sie den »ADHSler« für viel mehr Kleinigkeiten loben als andere Kinder. Denn schon ein zurückgehaltenes Rausplatzen verdient bei einem »ADHSler« unbedingt Beachtung (Impulskontrolle ist für ihn das Schwierigste!). Zu diesen Zeichen gehört auch ein Fingerzeig auf die Stelle, an der gerade gelesen wird, wenn das Kind gerade verträumt wirkt. Oder man legt die Hand auf die Schulter - als Zeichen für »Ich hab dich wahrgenommen«, wenn man es mal warten lässt. Dies sind ganz einfache Maßnahmen, die ich hier nicht niederschreiben würde, wenn es so selbstverständlich wäre, wie es sich liest.

Wenn Sie den »ADHSler« unter Ablenkungsbedingungen ansprechen, ist es wichtig, **klare, kurze Anweisungen** zu geben und **überschaubare Anforderungen** zu stellen. Wohl gemerkt: »ADHSler« können sich oft weniger auf einmal merken, wenn sie wissen, dass es hinterher wieder abgerufen werden soll. Eine **sofortige Rückmeldung** ist unerlässlich, da das Belohnungslernen bei »ADHSlern« sowieso dadurch verzögert wird, dass sie viel mehr Kombinationen aus Wenn-dann-Verknüpfungen brauchen, bis sie es abgespeichert haben. Wenn die Rückmeldung verzögert kommt, ist es wahrscheinlich, dass das Kind sie mit der eigentlichen Handlung gar nicht mehr in Verbindung bringt. Also sollten Sie Hausaufgaben kontrollieren und Klassenarbeiten möglichst rasch besprechen, wenn es einen Lerneffekt geben soll. Und sparen Sie nicht mit Lob! So etwas wie *»Du wirst noch mein Methodenkönig!«*, wenn der Schüler einen Algorithmus endlich angewendet hat, bleiben einem lange im Gedächtnis – eventuell ein Leben lang. Im schlimmsten Falle kann man mit einem *»Ich sehe, du hast dir ganz viel Mühe gegeben. Du bist genau auf dem richtigen Weg«* auch dann etwas Positives sagen, wenn das Ergebnis noch nicht den Erwartungen entspricht.

### *3.2.3 Überzeugungen und der Selbstwert*

Ein Kind lernt von Anfang an, sich so zu sehen, wie es ihm seine Umwelt zurückmeldet. Freuen wir uns über das Lachen des Babys auf unserem Arm und lächeln es verliebt an, lernt das Kind »Ich bin liebenswert!«. Wenn eine Mutter einem Hund ängstlich ausweicht, lernt das Kind an ihrer Hand: »Dies ist eine Situation, in der ich lieber sehr vorsichtig sein sollte!« – ohne zu wissen, warum. Melde ich einem hyperaktiven Kind zurück »Wow, hast du eine Kraft und Energie!«, lernt es, dass seine »motorische Unruhe« etwas Positives ist. Doch leider bekommt es meist ganz andere Rückmeldungen. Als kleines Kind bekommt es meist das angestrengte bis verzweifelte Gesicht der Pflegenden zu sehen, im Kindergartenalter hört es ständig, dass es doch mal leiser sein sollte, dass es die anderen beim Spielen stört, sich nie schnell genug anzieht, wenn's losgehen soll, bzw. zu schnell fertig ist und dann nicht so losstürzen soll. »Du musst auch mal auf die anderen warten können. Außerdem ist dein Anorak gar nicht zu!« Es lernt, dass es eigentlich allen auf den Wecker geht. Diese Kinder sagen oft: »Keiner mag mich! Ich kann es ja eh keinem recht machen! Wozu bin ich überhaupt geboren?«

Genau hier ist der Punkt, an dem Sie jedes Kind **für sich gewinnen** können. Geben Sie ihm das Gefühl: ***»Ich mag***

***Dich!***«. Manchmal wundern sich Eltern, wenn ich bei der ersten Verabschiedung komische Verhaltensweisen des Kindes mitmache – zum Beispiel, sich nur mit einem Finger zu berühren, statt die ganze Hand zu reichen, oder auf und ab hüpfend wild die Hand zu schütteln. Das wird dann »unsere« Verabschiedungszeremonie, und das Kind hat das Gefühl »Das ist eine Person, die mein Verhalten nicht nur kritikwürdig, sondern auch lustig findet«. Das müssen Sie nicht mit allen Kindern machen. Aber so ein ständig kritisierter Mensch braucht ganz dringend die Erfahrung und Rückmeldung: ***»Ich finde Dich okay so, wie Du bist!«***

So pauschal werden Sie das als Lehrer vielleicht nicht zurückmelden wollen, weil Ihnen die Verhaltensweisen des Kindes ja täglich das Leben bzw. das Unterrichten schwer machen. Aber die positive Rückmeldung verschafft Ihnen den Zugang zum Kind, das sich dann viel lieber von Ihnen etwas sagen lässt, und sie verhilft dem Kind zu einer notwendigen Überzeugung über sich selbst. Die Sorge, dass Sie dadurch die Selbstreflexion ersticken und das Kind keine Notwendigkeit zu einer Verhaltensänderung mehr sieht, kann ich zerstreuen. Ganz im Gegenteil! Wenn wir merken, dass wir einen »Fehler« haben, können wir ihn nur bearbeiten, sprich verändern, wenn wir akzeptieren, dass er einfach zu uns gehört (wenigstens zurzeit). Dazu hilft ein solcher Selbstwertsatz wie: *»Auch wenn ich immer dazwischen quassele, liebe und akzeptiere ich mich so, wie ich bin.«* Oder Sie sagen: *»Auch wenn du mich gerade unterbrochen hast, bist du echt ein netter Kerl!«*

Dann fühlen wir uns nämlich mutig genug, um uns mit diesem »Fehler« auch direkt auseinanderzusetzen. Ansonsten neigen wir dazu, die Fehler zu bagatellisieren, zu verleugnen oder zu verdrängen. Das Kind sagt Ihnen dann: »Das war ich nicht. Das waren die anderen!« Ein *»Du, auch wenn dir das passiert ist, finde ich Dich okay! Lass uns überlegen, wie man das entstandene Problem wieder aus der Welt schaffen kann«* hilft dem Kind, sich nicht verteidigen zu müssen. Es kann dann mit Ihnen nach einer Lösung Ausschau halten.

Wenn Sie als Lehrer den Kindern begegnen, haben diese ja in der Regel schon ein paar Jahre Prägung durch ihre Eltern, Erzieher und Miterzieher hinter sich. Da gibt es nun welche, die eine sehr reaktive Umwelt erlebt und gelernt haben, »alles was ich mache, ist sehr wichtig, denn es reagiert immer einer drauf!«. Andere wiederum bringen die Überzeugung mit, »egal was ich tue, es ist niemandem wirklich recht.« (Zwischen diesen Extremen gibt es noch eine ganze Menge anderer Varianten). Wenn man dem Modell vertraut, hat ein Kind die Neigung, alles zu akzeptieren, was die Person sagt; und deren Botschaften prägen sich ein! Das heißt, auch Ihre Botschaften an das Kind prägen sich ein! Hier setzt oft eine fatale Überzeugung der Lehrer ein: »Wenn die Eltern falsch erzogen oder reagiert haben, können wir auch nichts machen.« Damit bringen sich Lehrer in eine hilflose Lage, die oft Wut, manchmal auch Resignation mit sich bringt, die die Lehrer unendliche Energie kostet und sie daran hindert, ihre Arbeit zu tun – nämlich zu »lenken und leiten« (nicht leiden!).

Denn wenn ein Kind zur Schule kommt, sind *Sie* das **soziale Modell**! Oft für viele Jahre. Das Kind verbringt meist mehr Stunden am Tag mit Ihnen als mit den Eltern. Es gibt eine soziale Gruppe, in der das Kind bestehen möchte, und Sie leiten das Ganze! Immer wieder berichten Lehrer, wie die ganze Klasse ein durchaus schwieriges Kind akzeptieren kann, wenn man es selbst akzeptiert.

Ein wunderbares Beispiel habe ich mal in einer 2. Klasse in einer Beobachtungsstunde erlebt:

Der deutlich bewegungs- und redefreudige Junge saß in der ersten Reihe, sodass die Lehrerin leicht »Zugriff« auf ihn hatte. Wenn sie eine Frage stellte, platzte er mit der Antwort heraus, bevor sie ganz zu Ende gesprochen hatte. Sie schien das völlig zu ignorieren, die anderen Kinder gaben ganz normal ihre eigenen Antworten – auch falsche –, bis der Prozess abgeschlossen war, den die Lehrerin intendierte. Was hatte sie gemacht? Sie mochte den Jungen! Wenn sie wollte, dass er wirklich mal still war, stellte sie sich neben ihn, kraulte ihm den Nacken – hypnotische Ruhe! Wenn er herausplatzte, machte sie ihm keinen Vorwurf (auch keinen innerlichen!), sondern gab ihm sogar nach einigen Sekunden einen für die anderen nicht wahrnehmbaren Hinweis, der da hieß: »Die Antwort **war** richtig, aber jetzt sind die anderen dran.« Fantastisch!

Oft sagen mir Lehrer und auch Eltern, dass ihnen im entscheidenden Moment aber nicht einfallen würde, was man da noch Wertschätzendes sagen könnte. Das muss man ein wenig üben – wir haben es alle nicht so richtig gelernt!

Nehmen Sie mal ein Blatt Papier und schreiben sie auf, was Ihnen einfällt, wenn sie zu einem wirklich anstrengenden Kind etwas sagen wollen, was bei dem zu einer hilfreichen Überzeugung führt!

Hier einige Beispiele, die natürlich meinem Kopf entsprungen sind und nicht Ihren Ideen entsprechen müssen. Sie sind nur als Modell und Anregung gemeint:

- *»Es ist bewundernswert, dass du trotz deiner ganzen Familiengeschichte so ein aufgewecktes, intelligentes und selbstbewusstes Mädchen bist!«*
- *»Du bist soo ein schlauer Bursche (mit der Hand eine Höhe anzeigen) – deine schriftlichen Noten sind so (mit der Hand etwas Niedrigeres anzeigen) – es ist bewundernswert, wie du damit umgehen kannst. Da können andere echt was von dir lernen.«*
- *Auch sich neben den Schüler zu setzen erhöht die Akzeptanz (funktioniert nur, wenn es nicht als Strafe passiert und nicht im Frontalunterricht).*
- *»Ich weiß gar nicht, was wir ohne dein fröhliches Lachen machen sollten!«*
- *»Wie schaffst du es, die Energie aufzubringen, jeden Tag aufs Neue so unvoreingenommen auf deine Mitschüler*

*zuzugehen?« (ADHS-Kinder sind meist nicht nachtragend.)*

- *»Wer in dir sorgt dafür, dass du dich in einer solchen Situation traust … zu machen?« (auf das* Innere Team *nach Schulz von Thun ansprechend)*
- *Bei beharrlichem Nachfragen (das man gewöhnlich nervtötend nennt): »Du hast vielleicht ein Durchhaltevermögen!«*

Natürlich haben Sie nicht immer Schüler vor sich, die offen und kooperativ mit Ihnen agieren. Wenn ein »ADHS-ler« aber merkt, dass Sie auf seiner Seite stehen, geht er möglicherweise für Sie durchs Feuer.

### *3.2.4 Kooperationsbereitschaft stärken*

Ein Modell, das hervorragend beschreibt, wie man die Kooperationsbereitschaft seines Gegenübers erhöhen kann, ist das »Twinstar-Modell« von Ben Furman und Tapani Ahola (2014).

Wertschätzung, Anteilnahme, gemeinsame Freude und Erfolg sind die Faktoren, die jeden Menschen kooperativer werden lassen, wenn man sie ihm entgegen bringt. Dagegen führen Kritik – in der üblicherweise dargebrachten

Form –, Rückschläge, Probleme und Missverständnisse zu geringerer Motivation und Kooperationsbereitschaft.

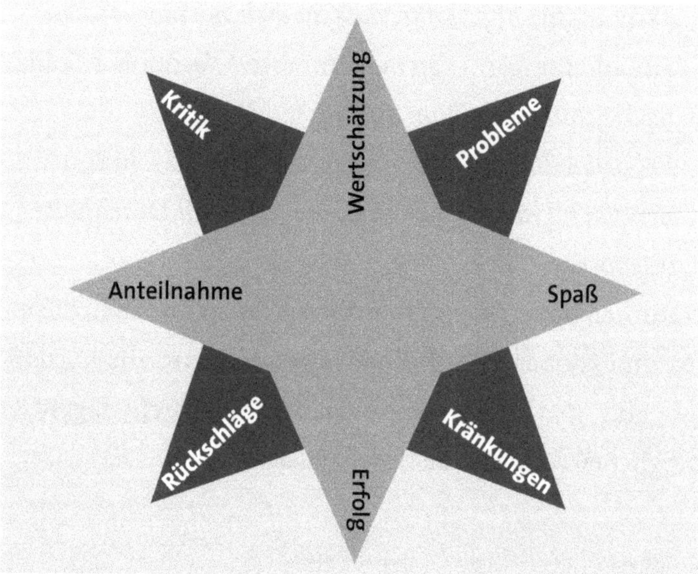


*Abb. 12: Lösungen von einem anderen Stern (nach Furman u. Ahola 2014)*

In der Tat braucht es ein wenig Übung, seinen Sprachgebrauch so umzustellen, dass man grundsätzlich **wertschätzender** kommuniziert. Ich trainiere das mit Lehrern in meinen Seminaren, und es macht unglaublich gute Laune! Versuchen Sie es doch gleich heute!

Sagen Sie jemandem etwas Wertschätzendes! Wie geht es Ihnen dabei? Merken Sie, dass es schwerfällt, oder geht es Ihnen ganz leicht von der Zunge?

Die wertschätzende Kommunikation tut jedem gut – dem Sender und dem Empfänger! Ich merke immer wieder in Fachlehrerrunden über einzelne schwierige Schüler, wie **Anteilnahme** die Sichtweise verändert. Oft höre ich: »Naja, wenn man vorher gewusst hätte, was das Kind zu Hause zu stemmen hat, hätte man das Verhalten ja besser verstehen können.« Anteilnahme zeigt sich durch ernst gemeintes Nachfragen, wie es dem anderen geht, durch Interesse an Dingen, die dem anderen wichtig sind, durch Ansprechen, wenn der andere sich untypisch verhält, durch das Bemerken und Benennen der Stärken des anderen … Sie finden es unpassend, wenn ein Schüler geistig abwesend im Unterricht sitzt. Sie finden es aber sicher nachvollziehbar, wenn Sie wissen, dass der geliebte Hund des Schülers vorgestern gestorben ist, und reagieren anders. Anteilnahme ist eine Geisteshaltung, die Wert auf das psychische Wohlbefinden des anderen legt. Sie ist unabdingbare Voraussetzung für ein gesundes Arbeitsklima. Damit jemand einen **Erfolg** wahrnehmen kann, muss es einen Beweis geben, dass die eigene Arbeit für einen selbst oder andere wichtig ist. Wie soll das bei einem Kind funktionieren, das in der Schule bei Leistungsbewertungen immer unter seinen kognitiven Fähigkeiten bleibt und zu Hause entweder Ärger oder Desinteresse für seine schulischen Leistungen erntet? Gar nicht? Doch! Sie können seine Erfolge wichtig finden – zum Beispiel, dass es in einer Notsituation viel schneller reagiert hat als alle anderen oder dass Sie den ersten Teil des Schriftstückes schon viel besser lesen konnten als sonst und dass da ja jede Menge brillanter Gedanken drinstecken – ohne auf die Rechtschreibfehler aufmerksam zu machen, die darin enthalten sind! Wenn das Kind diese dann bedrückt von alleine anspricht, hilft ein Satz, wie: *»Auch wenn dir deine Rechtschreibfehler nicht gefallen, finde ich dich okay so, wie du bist!«*

Den **Spaß**anteil habe ich in **Freude** umbenannt, weil ich schon mehrfach erlebt habe, dass Lehrer sich an dem Begriff störten, weil Schule ja nicht immer nur Spaß machen könne. Ich hoffe, das Wort Freude löst nicht solche Abwehrmechanismen oder die Assoziation »Spaßgesellschaft« aus. Dass Lernen v. a. dann stattfindet, wenn positive Emotionen im Spiel sind, ist heutzutage ja allgemein bekannt. Mit anderen Worten: Wer dann noch Spaß oder Freude mit Wut oder Aggression verbindet, hat vielleicht eigene Überzeugungen an Bord, die ein freudvolles Miteinander behindern, wie zum Beispiel den Glaubenssatz »Lernen muss auch wehtun!« oder »Der Alltag mit den Kindern strengt mich so sehr an – wieso sollte er dann den Kindern Spaß machen dürfen?«. Und sicherlich kennt jeder von Ihnen den »Flow«, den man spürt, wenn man zusammen mit anderen etwas erarbeitet, was Spaß macht, und wenn man Erfolge sieht, z. B. bei einem Umzug, bei dem sich Stück für Stück die neue Wohnung füllt, alle super mithelfen, keiner über Anstrengung jammert … Dann geht alles viel leichter – auch das Lernen!

Nun ist der Einwand berechtigt, dass man als Lehrer auch »mal« **kritisieren** muss. Das können Sie auch! Machen Sie es so wie oben beschrieben. Suchen Sie nach einem Ziel, anstatt ein Problem zu schildern. Schauen Sie mit dem Kind, wann und wie das Ziel schon mal machbar war, bzw. nach Fähigkeiten, die ihm dabei behilflich sein können. Es ist klar, dass Ihr Gegenüber nur zur Mitarbeit bereit ist, wenn der Eindruck entstanden ist, dass das Ziel erreichbar ist und dass derjenige die benötigten Fähigkeiten dazu überhaupt besitzt. Wenn ihm das bislang keiner glaubhaft versichert hat, wird er kein gemeinsames Ziel mit Ihnen finden! Dann muss man ein »kleineres« gemeinsames Ziel finden. Legen Sie dann fest, was der erste Erfolg sein kann und geben Sie Anerkennung, wenn sich irgendetwas in die gewünschte Richtung bewegt.

Dagegen passiert es natürlich auch, dass Ihnen von Schülern Kritik entgegengebracht wird. Obwohl der Weg der Kritik üblicherweise in die andere Richtung geht: Umso mehr ist dies eine wunderbare Gelegenheit, den Schülern ein Modell zur Nachahmung zu sein. Bedanken Sie sich, dass der Schüler sich getraut hat, Ihnen die Kritik zu offenbaren: *»Ich finde es prima, dass du dich traust, damit zu mir zu kommen!«*

Äußern Sie auch Verständnis dafür, dass ihn die Angelegenheit vielleicht beunruhigt oder er sich ungerecht behandelt fühlt: *»Du findest also, dass ich dich häufiger ermahne als andere, obwohl du gar nicht immer an der Situation schuld bist? Das ist natürlich sehr verletzend für dich.«* Aus seiner Sicht ist das so! Nehmen Sie eine Teilverantwortung an: »*Das stimmt, das sieht zunächst mal ungerecht aus! Da muss ich mir mal überlegen, wie ich das in Zukunft vermeiden kann*« – und helfen Sie dem Schüler, seine Beschwerde in einen Wunsch umzuformen. »*Du wünschst dir, dass ich mehr auf die anderen achte und vielleicht auch wahrnehme, wenn sie dich provozieren, anstatt immer nur darauf zu reagieren, wenn du dann ausflippst?*«– »Ja, genau, das ist nämlich ungerecht!« – »*Vielleicht könntest du mir ja auch ein Zeichen geben, wenn du dich provoziert fühlst, denn es könnte sein, dass ich das gar nicht immer mitkriege.* (Wenn das dem ADHS-Kind gelingt, sollte es einen Orden erhalten. Das ist nämlich eine effektive Impulsverzögerung!) *So bekomme ich einen Hinweis von dir und kann dann hoffentlich gerechter reagieren. Wollen wir es so probieren? Das hätte ja auch noch den Vorteil, dass du seltener wütend werden musst!*« – »Ja, ich bin mir aber nicht sicher, dass ich immer daran denke!«

Als »ADHSler« weiß das Kind, dass es oft Vereinbarungen vergisst – eine gute Selbsterkenntnis.

»*Gut, dass du das weißt! Ich bin mir sicher, dass wir es hinkriegen, wenn wir uns gegenseitig erinnern! Danke, dass du mich darauf hingewiesen hast.*«

Zugegebenermaßen wird Ihnen die Kritik von Schülern oft in unflätiger Weise vorgesetzt. »ADHSler« platzen natürlich oft und können sich dann definitiv nicht mehr gewählt ausdrücken. Dann macht es keinen Sinn, sie zur Ruhe zu mahnen und mit ihnen reden zu wollen. *»Das besprechen wir, wenn wir vernünftig miteinander reden können!«* entlastet den Schüler von dem Vorwurf, dass nur er sich gerade danebenbenimmt. Und Sie sind ja evtl. auch schon sauer, wenn Sie so respektlos angegriffen werden. Hauptsache, Sie vergessen nicht, dass das Gespräch dann auch stattfindet – sonst bleiben Sie dem Schüler als ein Vorbild in Erinnerung, das seine Versprechen nicht einhält. Und Vorsicht: Wenn sich ein »ADHSler« total aufregt und regelrecht ausrastet, dauert es bestimmt 15 bis 25 Minuten, bevor er sich wirklich wieder abgeregt hat. Zuvor kann er sich vielleicht mal kurz beherrschen, reagiert aber sofort wieder überschießend, wenn das emotionale Thema getriggert wird. Lassen Sie also danach genug Zeit verstreichen!

Wenn Sie ein **Problem** beschreiben wollen, versuchen Sie, Begriffe wie »immer, ständig, jedes Mal« usw. zu vermeiden. Verzichten Sie darauf, das missliche Verhalten detailliert zu beschreiben und möglichst viele negative Konsequenzen desselben aufzuzeigen. Vermeiden Sie vorwurfsvolle und kränkende Erklärungen und verkneifen Sie sich die Aussage: »Das hab ich dir schon hundert Mal gesagt. Du begreifst es wohl nie!« Stattdessen ist eine freundliche Kontaktaufnahme mit *»Ich hab da eine Idee, über die ich gerne mit dir sprechen möchte«* recht hilfreich. Formulieren Sie dann den Vorschlag und zeigen Sie gleich die positiven Konsequenzen auf.

Beispiel für eine gelungene Kommunikation:

*»Du bist ja ein kluger Kopf, der in vielen Sachen unheimlich gut Bescheid weiß.* (Zustimmung) *Mir ist in letzter Zeit aufgefallen, dass einige deiner Mitschüler verärgert sind, wenn ich eine Frage stelle und du sie sofort beantwortest – schnell, wie du bist –, und dann ist das meistens ja auch noch richtig. Für die anderen ist das so, dass sie gar nicht zum Nachdenken kommen, was sie dazu sagen könnten, weil du ja schon so flink geantwortet hast. Ich fände es gut, wenn die anderen ihre gute Meinung von dir behalten würden.* (Zustimmung) *Kannst du dir vorstellen, dass du zukünftig deine schnelle Antwort einfach mal notierst? Dann würdest du sie nicht vergessen* (was »ADHSlern« ständig

passiert, wenn sie sich zurückhalten müssen), *und die anderen hätten Zeit nachzudenken. Und wenn wir dann hinterher auch deine Antwort noch hören, merkt auch jeder, dass du es gewusst hast* (Image-Erhalt! Noch besser ist es, wenn der Schüler die Idee selbst hat). *Wäre das einen Versuch wert?* (Zustimmung) *Ich finde es großartig, dass du so verständnisvoll reagierst. Vielen Dank! Ich bin mir ganz sicher, dass das für alle eine gute Lösung ist.«*

Natürlich ist es beinahe unvermeidlich, dass Schüler **Rückschläge und Misserfolge** erleben. Leider haften diesen so unendlich viele negative Gefühle an. Ein Kleinkind lernt ganz selbstverständlich aus Misserfolgen, ohne dass sie vom Kind selbst negativ interpretiert werden. Sonst hätten wir alle nicht aufrecht gehen gelernt! Diese vielen Misserfolge beim Einrichten der Statomotorik! Erstaunlicherweise kommentiert das – Gott sei Dank! – auch niemand mit »Schau mal, mein Schatz, du musst diese Muskelgruppe nutzen, um beim Abrollen das Gleichgewicht auf das andere Bein verlagern zu können. So, wie du das machst, klappt das nie!«

Aber schon beim Spracherwerb läuft es da anders. Kinder werden oft in einer Art und Weise verbessert, die dem

Inhalt des Gesagten keine Bedeutung mehr zukommen lässt. Das Kind hatte aber eine Absicht, die durch die Konzentration auf »Sag's noch mal richtig!« ins Hintertreffen gerät. Es wäre aber für das Modell ausreichend zu sagen: *»Du meinst …? Wolltest du … haben?«* Das Kind lernt ansonsten: »Ich habe einen Fehler gemacht und schon werden meine Bedürfnisse nicht mehr beachtet.« Und das geht gerade so weiter: Das Kindergartenkind malt ein Bild und bekommt zu hören »Die Vögel auf dem Bild sind aber viel zu groß im Verhältnis zu dem Haus und der Sonne.« Und in der Schule gibt es dann für alles Normen und Regeln, wie etwas auszusehen hat, in welchem Gedankengang die Rechnung gelöst werden soll, wie man korrekt schreibt. Auch wenn die Pädagogik das längstens unterrichtet, besteht auch heute noch für viele Schüler der Alltag aus einer Häufung von Rückmeldungen wie »Das musst du noch mal machen, das sieht ja furchtbar aus!«, unterstützt durch einen leicht angewiderten Gesichtsausdruck und ein Kopfschütteln mit gerunzelter Stirn – anstatt zu sagen: *»Hey, du bist ja schon fertig! Sensationell! Ich glaube fast, du hast alles richtig gemacht, ich kann's nur nicht genau lesen. Kannst du mir behilflich sein?«*

Wenn der Schüler versucht, das wahrscheinlich Richtige selbst zu entziffern und daran scheitert, sieht er womöglich gleich die Notwendigkeit, das zu ändern – weil er ja ein positives Ergebnis erwartet. Außerdem wäre es schön, wenn man in der Schule häufiger davon sprechen würde, wie nützlich Fehler sind! Viele wichtige Dinge wurden nur durch Fehler entdeckt, z. B. das Penicillin, weil Herr Flemming seine Petrischalen mit Bakterien in der Schreibtischschublade vergessen hat und sie dort zu schimmeln begannen. Als er sie entdeckte, bemerkte er, dass dort, wo sich Schimmel gebildet hatte, keine Bakterien mehr wuchsen. Ich weiß nicht, ob er sich Vorwürfe anhören musste, aber überlegen wir doch mal, was unsere Kinder lernen könnten, wenn sie einen ähnlichen Feldversuch mit der Brotdose im Schulranzen durchgeführt haben!

Ermutigen Sie die Kinder, ihre Fehler zu finden. Zeigen Sie ihnen Techniken, mit denen man in einem Text Fehler ausfindig machen kann (mit Lesepfeil den Rest abdecken, einen Algorithmus von Regeln abfragen …) oder sie von vornherein vermeiden kann (vor jedem Wort die Wortart überlegen; vielleicht die verschiedenen Wortarten in unterschiedlichen Farben schreiben, dann ist das Nachdenken verpflichtend. Aber verlangen Sie das nicht von Kindern, die instinktiv fast alles richtig schreiben, die haben vielleicht einen anderen Zugang!). Und wenn sich jemand wirklich über einen Fehler ärgert, dann hilft der Selbstwertsatz: *»Auch wenn ich diesen Fehler gemacht habe, liebe und akzeptiere ich mich so, wie ich bin/finde ich mich okay so, wie ich bin.«* Sie können dem Schüler hier auch das Schuldgefühl nehmen und ihm sagen: *»Auch wenn ich's vielleicht nicht richtig erklärt habe, liebe und akzeptiere ich mich so, wie ich bin.«*

Schließlich möchte ich noch auf das Thema **Kränkungen** eingehen, weil mir Lehrer oft ganz verzweifelt berichten, dass sie einem Schüler mit einer Äußerung bestimmt Unrecht getan haben, aber jetzt ja auch nichts mehr daran ändern könnten. Das denke ich nicht. Kränkungen passieren immer wieder, teilweise oder meistens sogar unabsichtlich. Wenn ein Schüler sich getraut, Sie darauf anzusprechen, ist dies schon eine gewisse Persönlichkeitsstärke. Belastende Geschehnisse aus der Welt zu schaffen, anstatt still oder im Kreise eines anderen Publikums daran zu leiden, verdient schon Anerkennung!

Hören Sie also zu, bedanken Sie sich und versuchen Sie zu verstehen, wie das Gesagte oder Geschehene bei ihm angekommen ist (s. o. bei Kritik). Übernehmen Sie eine Teilverantwortung und entschuldigen Sie sich angemessen. Treffen Sie eine Vereinbarung! Beispiel: Die Lehrerin hat zu einem anstrengenden, ständig kaspernden »ADHSler«, der andauernd heult und in der Klasse nicht gemocht wird, vor dem Austeilen einer Klassenarbeit gesagt: »Ich teile jetzt die Arbeit aus. XY, Du kannst schon mal anfangen zu heulen.« Daraufhin hat der Junge heulend und türknallend das Zimmer verlassen. Nach der Stunde ging er zur Lehrerin und sagte: »Das war gemein von Ihnen!« (weint). Hier kann sie sagen: »*Weißt du was, du hast völlig recht! Das war nicht richtig von mir! Ich war so genervt davon, dass du ständig weinst und ich gar nicht verstehe, warum* (sie hatten schon oft darüber geredet – auch mit den Eltern), *dass mir das rausgerutscht ist. Ich merke immer, dass die anderen dich auslachen, weil du so oft weinst, und ich würde dir gerne helfen, in der Klasse einen guten Platz zu bekommen. Aber ich weiß einfach nicht, wie.*« Der Junge schlug vor, z. B. die Klassenarbeit erst nach dem Unterricht zu erhalten und auf ein Zeichen rausgehen zu dürfen, wenn er merkt, dass er weinen muss. Die Lehrerin war beeindruckt, dass ihm diesmal etwas eingefallen ist.

Die Möglichkeit, den Raum zu verlassen, nutzte das Kind nicht oft. Die Handlungsalternative hat es ihm ermöglicht, das »Weinen« deutlich zu reduzieren. Wenn erst mal die Kränkung nicht bagatellisiert oder lächerlich gemacht wird (»Ist doch nicht so schlimm! Hast du kein Verständnis für einen Spaß?« – eine Doppelkränkung: erst empfindlich sein und dann noch zu dumm sein, um einen Spaß zu identifizieren), muss man nicht mehr mit emotionaler Abwehr reagieren und kann (siehe Problemkreislauf) eben auch wieder kreative Lösungen suchen und finden.

In der Tat braucht es einige Übung, bis man seinen Kommunikationsstil derart umgestellt hat. Sie haben schließlich den alten Ihr ganzes Leben lang eingeübt. Aber die ersten Erfolge werden Sie beflügeln, und die Eigendynamik tut ihr Übriges! Fangen Sie jetzt damit an!

## 3.3 Eine Klasse, die Freude macht

Eine Klasse mit einem bzw. mehreren »ADHSlern« ist eine Herausforderung für sich, das ist unbestritten. Zumal sich in der Klasse ja noch andere Kinder befinden, die besondere Aufmerksamkeit benötigen. Doch sehen Sie solch schwierige Klassen als das **persönliche und pädagogische Trainingslager für Lehrer** – ohne sie würden Sie Ihre Fähigkeiten vielleicht nicht so intensiv weiterentwickeln!

Das **lösungsorientierte Vorgehen**, wie im letzten Kapitel beschrieben, wird im Unterricht bzw. mit der ganzen Klasse genauso angewandt. Schließlich haben Furman und Ahola das Twinstar-Modell für Teamentwicklungsprozesse erstellt. Und was sollte da ein besseres Beispiel sein als eine Schulklasse? Die Klasse ist das Team und Sie sind der Kapitän!

*Abb. 13: Kapitän*

Als Erstes fallen einem beim Thema ADHS und Klassensituation natürlich ganz einfache Dinge ein:

- Setzen Sie das ADHS-Kind nach vorne, sodass Sie es im unmittelbaren Zugriff haben und auf kurzem Wege nonverbal steuern können. Wichtig ist, dass das

Kind nicht so gesetzt wird, dass es sich ausgeschlossen fühlt. Die Absprache, dass es irgendwo einen besonderen Platz hat (ganz vorne vor der Wand, draußen im Gang ...), wenn es im Getümmel nicht mehr arbeiten kann, ist natürlich etwas anderes – vorausgesetzt, es ist eine gemeinsame Absprache zum besseren Arbeiten und keine Strafe.

- Verwenden Sie feste Regeln (»Guten Morgen« sagen, hinsetzen, Unterrichtsmaterial auf den Tisch legen, Hausaufgaben kontrollieren o. Ä.). Das hilft dem »ADHSler«, den Ablauf zu überschauen. Da ihm selbst oft handlungsorganisatorische Fertigkeiten fehlen, ist für ihn eine äußere Struktur sehr wichtig.
- Auf den »ADHSler« muss man in einer Gruppe genauso Rücksicht nehmen wie auf das Kind mit dem gebrochenen Bein oder den Rollstuhlfahrer. Zu denen sagt auch niemand: »Nun lauf doch mal die Treppe schneller runter!«, sondern man ist ihm behilflich. So sollte auch das ADHS-Kind von Aufforderungen wie »Nun konzentrier dich doch mal!« verschont bleiben und lieber mit einem Fingerzeig oder einer wortlosen nonverbalen Hilfe Unterstützung bekommen.

Oft äußern Lehrer die Befürchtung, dass sie Ablehnung in der Klasse oder sogar von den Eltern erfahren könnten. Doch es zeigt sich immer wieder, wie stark die Lehrerpersönlichkeit als soziales Modell wirkt: Wenn Sie das Kind so nehmen können, wie es ist, dahinterstehen, dass es besondere Unterstützung braucht, und sie ihm diese ohne Groll geben können, fällt es der Klasse oder den Eltern nicht ein, dagegen zu opponieren. Werben Sie um Verständnis, indem Sie den Schülern erklären, dass jeder so seine Besonderheiten hat und xy eben öfters mal vor sich hinbrabbelt, ohne damit jemanden stören zu wollen. Oder dass er manchmal eben besonders temperamentvoll und engagiert sei, sodass ein Stoppsignal bei ihm eben deutlicher ausfallen muss als bei den anderen. Eine schwierige Klasse setzt sich nicht nur aus schwierigen Kindern zusammen, sondern wird letztendlich durch die speziellen Reaktionen auf deren Handeln bestimmt!

Um Stress und Erregung abzubauen, hat sich das Klopfen nach Bohne bewährt. Es bietet sich an, dies in einer Klasse zu einem Zeitpunkt einzuführen, der allen einleuchtend erscheint – z. B. vor der Aufführung eines Theaterstückes, bei dem bestimmt einige Schüler etwas aufgeregt sind, oder vor einer Klassenarbeit. Durch das Beklopfen der Punkte verfliegt wenigstens der Stress, der unmittelbar durch die Situation ausgelöst wird, das emotionale Hirn beruhigt sich etwas und die Hirnrinde hat wieder mehr Möglichkeiten, kreative Lösungen zu produzieren.

Es ist vor Klassenarbeiten für viele Schüler eine Erleichterung und für den »ADHSler« ein fantastisches Mittel, seine Erregung zu dämpfen, bevor er explodiert. Viele Konfliktsituationen lassen sich dadurch entschärfen, dass man gemeinsam erst mal die Punkte klopft, bevor man mit den zuletzt beschriebenen lösungsorientierten Methoden ein Gespräch leitet. Mancher Lehrer hat diese im Seminar kennengelernte Methode zum Standardprogramm vor Klassenarbeiten gemacht und war deutlich beeindruckt, wie das manchen Schülern hilft, die »Panik« abzuschalten. Sie werden natürlich in höheren Klassen auch Leute sitzen haben, die »zu cool« für diese Methode sind. Aber das macht nichts, sie müssen ja nichts davon haben. Schaden tut es ihnen jedenfalls nicht.

Ganz wichtig ist es in einer »schwierigen Klasse«, dass man das Geschehen des Problemkreislaufs den Kindern altersgemäß nahebringt – bzw. das Umformulieren von Problemen in Ziele mit den Kindern regelrecht übt. Zunächst können Sie bei Konflikten sprachlich die Führung übernehmen.

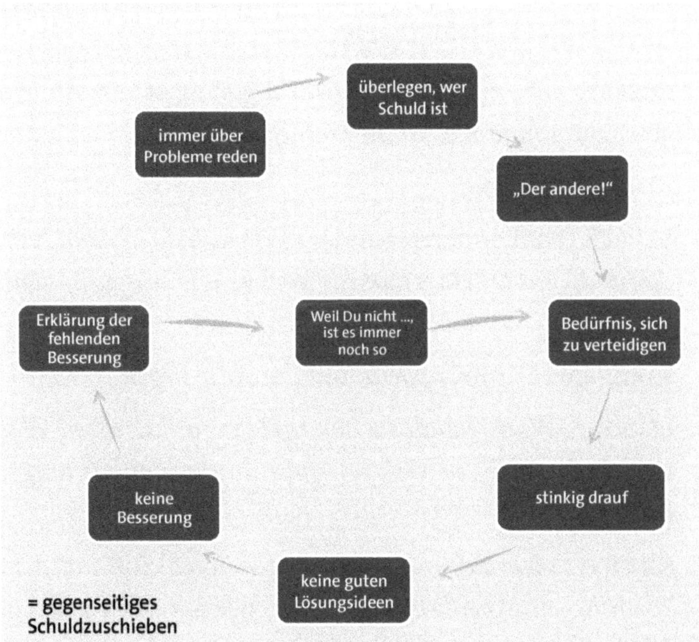


*Abb. 14: Problemkreislauf kindgerecht*

Beispiel für ein lösungsorientiertes Gespräch zwischen einem Lehrer und zwei Kindern:

LEHRER: »*Du hast also den Eindruck, xy stört dich absichtlich beim Arbeiten.*«

KIND: »*Ja, immer zappelt er rum und spielt mit den Stiften und wirft sie dann runter!*«

KIND XY: »*Ich hab sie nicht runtergeworfen, mir ist der Bleistift aus der Hand gefallen.*«

LEHRER: »*Du meinst, das hast du gar nicht mit Absicht gemacht, sondern es ist dir einfach passiert?*«

KIND XY: »*Genau!*«

LEHRER (zum anderen Kind): »*Wie müsste es denn sein, damit du gut arbeiten kannst? Was genau müsste xy denn machen?*«

KIND: »*Nicht rumzappeln und die Stifte liegen lassen.*«

LEHRER: »*Wann hat das schon mal gut funktioniert? Was war da anders? (zu xy:) Wie hast du das damals hingekriegt?*«

KIND XY: »*Ich hatte nur immer den einen Stift auf dem Tisch liegen. Aber ich weiß nicht, wie ich nicht zappeln kann.*«

LEHRER (zum Kind): »*Weißt du, xy kann sich unheimlich gut bewegen und ist superschnell, das weißt du ja, aber am Tisch ruhig zu sitzen, das fällt ihm schwer. Meinst du, du kannst versuchen, darüber hinwegzusehen?*«

KIND: »*Ich kann's probieren, oder ihn ne Runde zum Rennen schicken, wenn es gar nicht geht!*«

LEHRER (zu xy): »*Das wär vielleicht ne ganz gute Idee, oder? Wenn du merkst, du kannst gar nicht mehr still sitzen, rennst du einmal alle Treppen hoch, so schnell du kannst, und kommst dann gemütlich wieder runter. Und dein Tischnachbar gibt dir ein Zeichen, wenn er denkt, dass das jetzt hilfreich wäre.*«

BEIDE KINDER: »*Okay, wir versuchen es.*«

LEHRER (zusammenfassend): »*Du versuchst, das Zappeln zu ignorieren, und wenn es nicht mehr geht, gibst du xy ein Zeichen* (gleich ausmachen, welches). *Und du, xy, lässt nur einen Stift auf dem Tisch und achtest selbst auch darauf, ob du mal die Treppe benötigst.*«

BEIDE KINDER: »*Okay – schlag ein!*«

Wenn Sie das einige Male mit den Kindern geübt haben, brauchen Sie nur noch Stichworte wie »Was wäre dein Ziel?« zu geben, damit die Kinder wieder nach demselben Schema vorgehen. Gleiches gilt für das Umgehen mit Kritik und Kränkungen, wie im letzten Kapitel beschrieben.

| **Was mich stört** | **Was ich gern möchte** |
| --- | --- |
| • Eigenschaft, die mich nervt | • ... |
| • Kollektives Problem, das mich stört | • ... |

*Abb. 15: Probleme in Ziele umwandeln*

Klar ist, dass »ADHSler« oft nicht so richtig gemocht werden, weil sie anders sind als die anderen, mit einer Vorgeschichte in die Klasse kommen und negative Reaktionen erwarten. Dann kann es sein, dass Sie zunächst Mühe haben, weil die Klasse auf diese negative Erwartung prompt reagiert.

Das habe ich mit einem Klienten in der 7. Klasse erlebt, der vom Gymnasium abging, weil man sich fälschlicherweise die Hoffnung gemacht hat, dass die Verhaltensauffälligkeiten unter geringerer Leistungsanforderung zurückgehen würden. Aufmerksamkeitsprobleme sind aber beständig – egal, ob das Kind Latein im Gymnasium lernt oder Englisch in der Mittelschule. So kam es, dass dieser Junge nach wenigen Wochen in der neuen Klasse wieder

Außenseiter war. Die Lehrerin fragte mich um Rat wegen der bevorstehenden Klassenfahrt. Da der Junge definitiv nicht integriert war, riet ich ihr, ihm eine Außenseiterrolle zu verordnen (Musterunterbrechung). Er bekam also eine Videokamera, mit der er das Geschehen festhalten sollte. Das war eine interessante Rolle, und viele Mitschüler kamen immer wieder zu ihm und wollten das zuletzt Gefilmte auf dem Display noch mal sehen. Das half ihm, Kontakt zu bekommen. Er wurde fortan mit Unterstützung der Lehrerin zwar als anders wahrgenommen, aber auch so akzeptiert.

Zu guter Letzt will ich nicht leugnen, dass es auch Konstellationen gibt, die schwer veränderbar sind. Wenn z. B. eine Gruppe Jungs, sich auf den einen eingeschossen haben, der immer »heult«, und gelernt haben, dass er Ärger bekommt, wenn man ihn in der Pause kräftig provoziert, weil er dann irgendwann austickt und um sich haut, was dann 100 % sicher bestraft wird, dann hilft es manchmal nur »mit Verstärkung« durch einen Kollegen dafür zu sorgen, dass es einige Pausen lang keine Nähe zwischen den Parteien gibt. Danach kann man dann in Gesprächen lösungsorientiert nach gemeinsamen Zielen schauen. Bis das neue Verhalten etabliert ist, sollte jedoch die Pause besonders beaufsichtigt werden, weil sonst das alte lang geübte Verhaltensmuster siegt.

## 3.4 Ein Blick auf sich selbst

Dieses letzte Kapitel könnte eigentlich ein ganzes weiteres Buch füllen. In meinen Seminaren ist zu spüren, wie wichtig und wie schwierig es für Lehrer ist, auf sich selbst zu achten. Sie sind so trainiert, die Sinne immer auf die anderen zu richten, dass ihnen gar nicht bzw. zu spät auffällt, durch welche Faktoren ihnen jede Menge Energie geraubt wird. Das zu verhindern ist eine Lebensaufgabe, mit der Sie gerade in diesem Moment anfangen können, wenn Sie nicht schon damit angefangen haben.

Die Beschreibungen, wie Emotionen unser Handeln beeinflussen, gelten natürlich auch für Lehrer. So halte ich es für unabdingbar, dass Sie als Lehrer Ihre eigenen Erwartungshaltungen kennenlernen und auf Alltagstauglichkeit überprüfen! Sie können Ihnen sonst die gesamte Emotionsregulation durcheinanderbringen.

Wenn Ihnen im Verlauf dieser Lektüre an verschiedenen Stellen der Kamm geschwollen ist, weil der »ADHSler« »besondere Unterstützung« benötigt, könnte es sein, dass sich in Ihrem Kopf der Glaubenssatz »Ich muss alle gleich behandeln, sonst ist es ungerecht« befindet. (In Zeiten der Integration und Inklusion ist dies ein wahrer Burn-out-Maker.) Die Sorge, dass sich andere Eltern darüber beschweren, dass ihr Kind in der Klassenarbeit nicht länger schreiben durfte, hält viele Lehrer davon ab, einen Nachteilsausgleich anzuwenden, obwohl das von den Kultusministerien der meisten Bundesländer empfohlen wird. Oft sind Ihnen diese Überzeugungen gar nicht bewusst, die Ihr Verhalten steuern.

Wie wollen Sie sich also einem schwierigen Kind lösungsorientiert zuwenden, wenn ihr Unterbewusstsein sagt »Lass es, das ist eh sinnlos – die Eltern sind daran schuld!« oder »Es ist ungerecht!«. Dann kann Ihr pädagogisches Gewissen zwar dagegensteuern, aber während Sie sich mit dem Kind beschäftigen, haben Sie vielleicht eine Wut im Bauch, weil Sie »die Arbeit der Eltern übernehmen«, für die Sie gar nicht bezahlt und auch nicht wertgeschätzt werden. Wenn Sie in einer solchen Situation Unbehagen spüren, dann fragen Sie mal in Ihrem »inneren Team« (nach F. Schulz von Thun), welcher Teil in Ihnen jetzt gerade das Sagen hat. Vielleicht sind ja der »Fürsorgliche« und der »Jurist« im Streit. Während Ersterer sagt: »Dem Kind muss ich helfen«, sagt evtl. der Zweite: »Dann musst du für die anderen auch etwas extra tun«. Und der Selbstschützer sagt dann vielleicht: »Dann tu lieber gar nichts, sonst wirst du irre!« Dabei ist es keine Ungerechtigkeit, einen »Nachteilsausgleich« anzuwenden, weil er ja dazu da ist, einen unverschuldeten Nachteil auszugleichen. Dennoch sind es oft Ihre inneren Überzeugungen, die den meisten Stress verursachen.

Wenn Sie das Klopfen im Unterricht verwenden, hat das den Vorteil, dass Sie auch Ihre Emotionen herunterfahren. Denn ein Schüler kann Sie auch an alten Erfahrungen antriggern, sodass Sie dann hochemotional reagieren, obwohl Sie das gar nicht wollen und die Wut oder die Verzweiflung darüber dem Schüler zugeschrieben wird.

So habe ich einmal im Gespräch mit zwei Lehrern eines wirklich explosiven, schnell überreagierenden kleinen Jungen in der 2. Klasse bemerkt, dass die Klassenlehrerin völlig verzweifelt über ihn berichtete (er rannte öfters aus Frust aus dem Zimmer und sie dann hinterher), während die Kollegin das viel gelassener sehen konnte. Es hat sich dann herausgestellt, dass die Klassenlehrerin immer größte Angst hatte, er könne aus dem Schulhaus rennen und ums Leben kommen. Nach einer Klopfsitzung war schnell klar, welcher Film in ihr ablief: Sie hatte mehrere Fehlgeburten gehabt und machte sich große Vorwürfe, dass sie selbst am Tod der Kinder schuld sei, und wollte das bei einem ihr anvertrauten Kind unter allen Umständen vermeiden. Das Kind bekam das lösungsorientierte Angebot, in die Klasse der anderen Lehrerin zu wechseln, woraufhin das Rausrennen kein großes Thema mehr war. Lassen Sie sich in solchen Situationen auch von außen helfen! Man sieht manchmal nicht, was einen blockiert. Und die Möglichkeit des Coachings wird von Lehrern leider viel zu selten genutzt.

Schreiben Sie mal auf, was Sie an belastenden Glaubenssätzen so in Ihrem Kopf abgespeichert haben. So en passant! Nicht an einem Abend! Sie werden sich wundern, was da alles zusammenkommt.

Einer der unschädlichsten Glaubenssätze ist sicherlich vielen aus dem Handarbeitsunterricht bekannt: »Langes

Fädchen, faules Mädchen!« Viele andere belasten einen unnötig, wenn man sie nicht bewusst außer Kraft setzt.

Fragen Sie sich immer, wenn Sie sich angegriffen fühlen: Über wen sagt mein Gegenüber mehr aus? Über mich oder über sich? Sie können da erstaunlich viel Information über den anderen gewinnen. Das ist v. a. auch für Elterngespräche ein wichtiger Anker! Das Aufbrausen oder Vorwürfeformulieren ist doch meist nur der Versuch, das eigene Kind zu unterstützen und zu schützen. Und damit haben Sie schon erkannt, worum es diesen Eltern wirklich geht. Das können Sie wertschätzen: »*Ich finde es fantastisch, wie Sie sich für Ihr Kind einsetzen. Das würden sich viele Kinder von ihren Eltern wünschen!*«, und zu einem gemeinsamen Ziel erklären: »*Was können **wir** denn tun, um das Kind bei … zu unterstützen? Sie zu Hause und ich in der Schule?*« Wenn Sie die Eltern dann noch fragen: »*Was fällt Ihnen denn zu … ein? Sie kennen das Kind doch viel besser als ich?*«, haben Sie nur selten noch abwehrende Eltern vor sich sitzen. Wenn Ihnen Eltern oder auch ein Kind besonders unangenehm sind, fragen Sie sich auch, welche Eigenschaften das sind, die Sie so entsetzlich finden. Vielleicht erinnern diese Sie an alte Erlebnisse, die mit heftigen Emotionen verbunden sind. Über Eltern-Lehrer-Konflikte und deren systemische Lösung werde ich hier nicht ausführlicher eingehen, da es dazu einen eigenen *Spickzettel* gibt.

Reiben Sie immer wieder den Selbstakzeptanzpunkt unter dem Schlüsselbein, um sich selbst zu stärken, und formulieren Sie einen Satz, den Sie auch nur denken können und der Sie in der aktuellen Situation entlastet, z. B.:

- *»Auch wenn mich dieses Kind immer wieder auf die Palme bringt, liebe und akzeptiere ich mich so, wie ich bin.«*
- *»Auch wenn ich da gerade überfragt bin, liebe und akzeptiere ich mich ...«*
- *»Auch wenn ich wegen xy heute jemand anderen vernachlässigt habe, liebe ich ...«*
- *»Auch wenn ich nicht alle Kinder retten kann, ...«*

Ein verändertes emotionales Selbstmanagement ist für Lehrer oft der Umbruch zum zufriedeneren Arbeiten und zu einer verbesserten Gesundheit, wenn sie anfangen, wieder auf ihre Bedürfnisse zu achten. Das ist letztendlich die Voraussetzung dafür, dass Sie sich auf die Menschen einlassen können, mit denen Sie den Alltag zusammen meistern dürfen. Und dazu gehören natürlich auch Ihre Kollegen. Ein lösungsorientiertes Vorgehen mit Wertschätzung und Anteilnahme in der täglichen Kommunikation, in der auch Freude an der Arbeit vermittelt wird und Raum ist, um Erfolge gemeinsam zu feiern, macht den Schulalltag zu einem Lebensbereich, in dem man Energie tanken kann! Finden Sie die entwicklungsfähigen Felder bei sich und in ihrem Umfeld, schätzen Sie die vorhandenen Ressourcen aller Beteiligten, feiern Sie, was Sie zusammen alles schon geschafft haben, und freuen Sie sich auf die erleichternden Veränderungen in der Zukunft.

## Anhang: Diagnostische Kriterien für Aufmerksamkeitsdefizit-/Hyperaktivitätsstörung nach DSM-V

A. Ein durchgehendes Muster von Unaufmerksamkeit und/oder Hyperaktivität-Impulsivität, wie in (1) und/oder (2) beschrieben, welches das Funktionsniveau oder die Entwicklung beeinträchtigt:

**1. Unaufmerksamkeit:** Sechs (oder mehr) der folgenden Symptome sind während der letzten sechs Monate beständig in einem mit dem Entwicklungsstand nicht zu vereinbarenden Ausmaß aufgetreten und wirken sich direkt negativ auf soziale und schulische/berufliche Aktivitäten aus: **Beachte:** Die Symptome sind nicht ausschließlich ein Ausdruck von oppositionellem Verhalten, Trotz, Feindseligkeit oder der Unfähigkeit, die Aufgaben oder Anweisungen zu verstehen. Für ältere Jugendliche und Erwachsene (17 Jahre und älter) sind mindestens fünf Symptome erforderlich.

a. Beachtet häufig Einzelheiten nicht oder macht Flüchtigkeitsfehler bei den Schularbeiten, bei der Arbeit oder bei anderen Tätigkeiten (z. B.: übersieht Einzelheiten oder lässt sie aus; arbeitet ungenau).

b. Hat oft Schwierigkeiten, längere Zeit die Aufmerksamkeit bei Aufgaben oder beim Spielen aufrechtzuhalten (z. B.: hat während Unterricht, Vorträgen, Unterhaltungen oder längerem Lesen Schwierigkeiten, konzentriert zu bleiben).
c. Scheint häufig nicht zuzuhören, wenn andere ihn bzw. sie ansprechen (z. B.: scheint mit den Gedanken anderswo zu sein, auch ohne ersichtliche Ablenkungen).
d. Führt häufig Anweisungen anderer nicht vollständig durch und bringt Schularbeiten, andere Arbeiten oder Pflichten am Arbeitsplatz nicht zu Ende (z. B.: beginnt mit Aufgaben, verliert jedoch schnell den Fokus und ist leicht abgelenkt).
e. Hat häufig Schwierigkeiten, Aufgaben und Aktivitäten zu organisieren (z. B.: hat Probleme, sequenziell aufeinanderfolgende Aufgaben zu bewältigen; Schwierigkeiten, Materialien und eigene Sachen in Ordnung zu halten; unordentliches, planlos-desorganisiertes Arbeiten; schlechtes Zeitmanagement; hält Termine und Fristen nicht ein).

f. Vermeidet häufig, hat eine Abneigung gegen oder beschäftigt sich nur widerwillig mit Aufgaben, die länger andauernde geistige Anstrengungen erfordern (z. B.: Mitarbeit im Unterricht oder Hausaufgaben; bei älteren Jugendlichen und Erwachsenen: Ausarbeiten von Berichten, Ausfüllen von Formularen, Bearbeiten längerer Texte).
g. Verliert häufig Gegenstände, die für bestimmte Aufgaben oder Aktivitäten benötigt werden (z. B.: Spielmaterialien, Stifte, Bücher, Werkzeug, Geldbörsen, Schlüssel, Arbeitspapiere, Brillen, Mobiltelefone).
h. Lässt sich oft durch äußere Reize leicht ablenken (bei älteren Jugendlichen und Erwachsenen können auch mit der aktuellen Situation nicht in Zusammenhang stehende Gedanken gemeint sein).
i. Ist bei Alltagstätigkeiten häufig vergesslich (z. B.: bei der Erledigung von häuslichen Pflichten oder Besorgungen; bei älteren Jugendlichen und Erwachsenen umfasst das Vergessen auch Telefonrückrufe zu tätigen, Rechnungen zu zahlen, Verabredungen einzuhalten).

**2. Hyperaktivität und Impulsivität:** Sechs (oder mehr) der folgenden Symptome sind während der letzten sechs Monate beständig in einem mit dem Entwicklungsstand nicht zu vereinbarenden Ausmaß aufgetreten und wirken sich direkt negativ auf soziale und schulische/berufliche Aktivitäten aus:

**Beachte:** Die Symptome sind nicht ausschließlich ein Ausdruck von oppositionellem Verhalten, Trotz, Feindseligkeit oder Unfähigkeit, Aufgaben oder Anweisungen zu verstehen. Für ältere Jugendliche und Erwachsene (17 Jahre und älter) sind mindestens fünf Symptome erforderlich.

a. Zappelt häufig mit Händen und Füßen oder rutscht auf dem Stuhl herum.
b. Steht oft in Situationen auf, in denen Sitzenbleiben erwartet wird (z. B.: verlässt eigenen Stuhl im Klassenraum, im Büro oder an anderem Arbeitsplatz oder in anderen Situationen, die erfordern, am Platz zu bleiben).
c. Läuft häufig herum oder klettert exzessiv in Situationen, in denen dies unpassend ist. (**Beachte:** Bei älteren Jugendlichen oder Erwachsenen kann dies auf ein subjektives Unruhegefühl beschränkt bleiben.)

d. Hat häufig Schwierigkeiten, ruhig zu spielen oder sich mit Freizeitaktivitäten ruhig zu beschäftigen.
e. Ist häufig „auf dem Sprung" oder handelt oftmals, als wäre er bzw. sie „getrieben" (z. B.: kann nicht über eine längere Zeit hinweg ruhig an einem Platz bleiben bzw. fühlt sich dabei sehr unwohl, z. B.: in Restaurants, bei Besprechungen; dies kann von anderen als Ruhelosigkeit oder als Schwierigkeit erlebt werden, mit dem Betreffenden Schritt zu halten).
f. Redet häufig übermäßig viel.
g. Platzt häufig mit den Antworten heraus, bevor die Frage zu Ende gestellt ist (z. B.: beendet die Sätze anderer; kann in Unterhaltungen nicht abwarten, bis er bzw. sie mit Reden an der Reihe ist).
h. Kann häufig nur schwer warten, bis er bzw. sie an der Reihe ist (z. B.: beim Warten in einer Schlange).
i. Unterbricht und stört andere häufig (z. B.: platzt in Gespräche, Spiele oder andere Aktivitäten hinein; benutzt die Dinge anderer Personen, ohne vorher zu fragen oder ohne Erlaubnis; bei älteren Jugendlichen und Erwachsenen: unterbricht oder übernimmt Aktivitäten anderer).

B. Mehrere Symptome der Unaufmerksamkeit oder der Hyperaktivität-Impulsivität treten bereits vor dem Alter von 12 Jahren auf.

C. Mehrere Symptome der Unaufmerksamkeit oder der Hyperaktivität-Impulsivität bestehen in zwei oder mehr verschiedenen Lebensbereichen (z. B.: zu Hause, in der Schule oder bei der Arbeit; mit Freunden oder Verwandten; bei anderen Aktivitäten).

D. Es sind deutliche Hinweise dafür vorhanden, dass sich die Symptome störend auf die Qualität des sozialen, schulischen oder beruflichen Funktionsniveaus auswirken oder dieses reduzieren.

E. Die Symptome treten nicht ausschließlich im Verlauf einer Schizophrenie oder einer anderen psychotischen Störung auf und können auch nicht durch eine andere psychische Störung besser erklärt werden (z. B.: affektive Störung, Angststörung, dissoziative Störung, Persönlichkeitsstörung, Substanzintoxikation oder -entzug).

*Bestimme ob:*

**F90.2 Gemischtes Erscheinungsbild:** Sowohl Kriterium A1 (Unaufmerksamkeit) als auch Kriterium A2 (Hyperaktivität-Impulsivität) waren während der letzten 6 Monate erfüllt.

**F90.0 Vorwiegend Unaufmerksames Erscheinungsbild:** Kriterium A1 (Unaufmerksamkeit), aber nicht Kriterium A2 (Hyperaktivität-Impulsivität) war während der letzten 6 Monate erfüllt.

**F90.1 Vorwiegend Hyperaktiv-Impulsives Erscheinungsbild:** Kriterium A2 (Hyperaktivität-Impulsivität), aber nicht Kriterium A1 (Unaufmerksamkeit) war während der letzten 6 Monate erfüllt.

*Bestimme ob:*

**Teilremittiert:** Wenn die Kriterien früher vollständig erfüllt worden sind, in den letzten 6 Monate jedoch nicht alle notwendigen Kriterien erfüllt wurden und die Symptome immer noch eine Beeinträchtigung des sozialen, schulischen oder beruflichen Funktionsniveaus verursachen.

*Bestimme den aktuellen Schweregrad:*

**Leicht:** Es treten wenige oder kleine Symptome zusätzlich zu denjenigen auf, die zur Diagnosestellung erforderlich sind, und die Symptome führen zu nicht mehr als geringfügigen Beeinträchtigungen in sozialen, schulischen oder beruflichen Funktionsbereichen.

**Mittel:** Die Ausprägung der Symptome und der funktionellen Beeinträchtigung liegt zwischen „leicht" und „schwer".

**Schwer:** Die Anzahl der Symptome übersteigt deutlich die zur Diagnosestellung erforderliche Anzahl oder mehrere Symptome sind besonders stark ausgeprägt oder die Symptome beeinträchtigen erheblich die soziale, schulische oder berufliche Funktionsfähigkeit.

# Literatur

**Bohne,** G. (2011): Bitte klopfen. Heidelberg (Carl-Auer), 2. Aufl.

**Furman,** B. u. T. Ahola (2014): Twin Star – Lösungen vom anderen Stern. Teamentwicklung für mehr Erfolg und Zufriedenheit am Arbeitsplatz. Heidelberg (Carl-Auer), 4. Aufl.

**Kooij,** S. J. et al. (2010): European consensus statement on diagnosis and treatment of adult ADHD. *BMC Psychiatry* 10: 67.

**Mandac,** I. M. (2013): Lehrer-Eltern-Konflikte systemisch lösen. Heidelberg (Carl-Auer).

**Polanczyk,** G. et al. (2007): The worldwide prevalence of ADHD: a systematic review and metaregression analysis. *American Journal of Psychiatry* 164 (6): 942–8.

**Saß,** H., H.-U. Wittchen u. M. Zaudig (1996): DSM-IV, Diagnostisch statistisches Manual Psychischer Störungen. Göttingen (Hogrefe).

**Schulz v. Thun,** F. (2001): Miteinander Reden 1–3. Reinbeck (Rowohlt) Sonderauflage.

**Simon,** V. et al. (2009): Prevalence and correlates of adult attention-deficit hyperactivity disorder: meta-analysis. *British Journal of Psychiatry* 194: 204–11.

# Über die Autorin

*Claudia A. Reinicke*, verhaltenstherapeutische Psychotherapeutin; Zusatzqualifikationen: Hypnotherapie, Entspannungsverfahren, Prozess- und Embodimentfokussierte Psychologie (PEP), Cooperation-Trainer, Coaching. Seit 1993 in Dresden tätig in eigener Praxis mit Schwerpunkt ADHS; Fortbildungen für Lehrer und Ärzte zu den Themen ADHS, Stressbewältigung und Selbstfürsorge. Seit 2000 Fortbildnerin für Psychotherapeuten; Gründerin des KIKOS® -Ansatzes.

*Kontakt: www.claudiaareinicke.de*

**Bisher erschienene »Spickzettel für Lehrer«**

Bd. 1 • Staake • **Motiviert in den Unterricht**
*ISBN 978-3-8497-0014-0*

Bd. 2 • Pfannmöller • **Der systemische Lehrer**
*ISBN 978-3-8497-0428-5*

Bd. 3 • Mandac • **Lehrer-Eltern-Konflikte systemisch lösen** • *ISBN 978-3-8497-0432-2*

Bd. 4 • Hergenhan • **Keine Beleidigungen mehr!**
*ISBN 978-3-8497-0467-4*

Bd. 5 • Erbring • **Inklusion ressourcenorientiert umsetzen** • *ISBN 978-3-8497-0468-1*

Bd. 6 • Forster/Waterkamp • **Systemisch denken – Schule erfolgreich leiten** • *ISBN 978-3-8497-0023-2*

Bd. 7 • Warkus • **Lehren in Balance**
*ISBN 978-3-8497-0024-9*

Bd. 8 • Reinicke • **Mit ADHS und Freude durch den Schulalltag** • *ISBN 978-3-8497-0458-2*

Bd. 9 • Kossak • **Prüfungsangst – Beraten aus sieben Perspektiven** • *ISBN 978-3-8497-0058-4*

Bd. 10 • Lauterbach/Dressel • **Gesund in der Schule**
*ISBN 978-3-8497-0059-1*

Bd. 11 • Molter/Nöcker • **Systemisch Schule machen**
*ISBN 978-3-8497-0074-4*

Bd. 12 • Steiner • **Wenn Kinder und Jugendliche sich zurückziehen** • *ISBN 978-3-8497-0082-9*

Bd. 13 • Timpner/Eckert • **Körpersprache in der schulischen Kommunikation**
*ISBN 978-3-8497-0093-5*

Bd. 14 • Wolf • **Der Klassenrat**
*ISBN 978-3-8497-0094-2*

Bd. 15 • Wyrwa • **Pro Mensch – kontra Mobbing**
*ISBN 978-3-8497-0101-7*

Bd. 16 • Lemme/Körner • **»Neue Autorität« in der Schule** • *ISBN 978-3-8497-0429-2*

Bd. 17 • Baumer • **Elterngespräche mit Trennungs-, Scheidungs- und Patchworkfamilien**
*ISBN 978-3-8497-0181-9*

Bd. 18 • Harkcom • **Unterrichtsstörungen meistern**
*ISBN 978-3-8497-0434-6*

Bd. 19 • Scholz • **Die Kunst des unglücklichen Lehrens** *ISBN 978-3-8497-0222-9*

Bd. 20 • Winter • **Jungen fördern in der Schule**
*ISBN 978-3-8497-0248-9*

Bd. 21 • Wyrwa • **Mobbing unter Lehrern**
*ISBN 978-3-8497-0271-7*